見方・考え方を働かせる!

板書&展開例でよくわかる

中学地理

授業づくりの教科書

澤田康介 著

明治図書

はじめに

　社会の変化はめまぐるしく，生成ＡＩの登場により教育のあり方も大きく変わろうとしています。ChatGPT は既存の情報から大量のアウトプットを出すことが得意であるため，教科書の掲載内容についても質問さえすれば，事実をいとも簡単に説明してくれます。私も ChatGPT を活用しますし，本書でも授業での活用例を紹介しています。しかし，ChatGPT を通して単に個別知識を調べただけでは，深い意味理解を促すことや，社会とのつながりは見出せないと考えます。授業を通して，自分で知識を獲得したり，友達の発言から「はっ」とする瞬間があるからこそ，子どもたちは深い意味理解に到達するのではないでしょうか。その前提として，子どもたちが楽しいと思える授業を行うことが大切です。そして，いわゆる公開授業のときだけ，とっておきの授業をするのではなく，日常的に楽しい授業を積み重ねていくことが大切だと考えます。

　中学校社会科の大家である安井俊夫氏は，「日常」の授業に関わり，次のように述べています。

> 教科書の「事実」を中心に授業を構成することが求められているとしても，それに軽重をつけ，考えさせるべきヤマ場を設定して，授業を起伏のあるものにする工夫も必要である。あるいは，「事実」を並べるにしても，ストーリー性をもたせるような順序で並べれば「知識羅列型」の授業を少しは脱却できる。

　中学校社会科では，毎時間かなり大量の「事実」を扱うことを要求されます。そのため，「日常」の授業では，それらの「事実」を中心に授業を構成せざるを得ません。本書も「日常」の授業を示すものですので，この制約内にあります。私自身も，中学校社会科の授業づくりをしていく中で，どのように「事実」を扱うか悪戦苦闘しています。しかし，事実ばかりを伝えることに終始していては，楽しい授業を準備し，子どもに力をつけることはできません。安井氏が述べるように授業のヤマ場をデザインし，子どもが「えっ?!」「どうして ?!」と思うような場面をつくることで，子どもたちが主体的に知識を獲得することや活用することにつながるのだと考えます。日常的にこうした授業を積み重ねていくことで，本当の意味で子どもたちが力をつけられるのではないでしょうか。

　中学校地理的分野の学習では，気候帯の特徴について学ぶ単元があります。乾燥帯について学ぶ際，単に「気温が高い」「日較差がある」「オアシスがある」などの特徴を伝えただけでは，

子どもは知識を獲得することはできませんし，追究する場面も生まれないので，単なる暗記を強いることになりかねません。しかし，例えば服装を切り口に考えてみてはどうでしょうか。多くの子どもたちには「砂漠＝暑い」といったイメージがあるはずです。そこで，砂漠での現地の人の服装を提示します。「気付いたことはあるかな？」と問うと，子どもたちは「長袖を着ている！」「こんな服装なら暑くて大変！」「自分なら短パンTシャツになりたい！」などの反応が生まれると考えます。このような子どもの反応をもとに，「暑いはずなのに，なぜ砂漠で長袖を着るのだろう？」といった問いへつなげていきます。こうして生まれた問いは，子どもたちの追究のエネルギーにもなっていきます。資料提示や発問の仕方を工夫することにより，子どもたちの学びも大きく変わります。

　本書では，授業の導入からまとめまでの学習過程について，板書をもとにしながら紹介しています。本書の小学校シリーズの著者である朝倉一民氏も述べているように，授業について方法論的な「型」を生み出すべきではないと考えます。しかし，本書を手に取っていただいた先生方にわかりやすく，明日の実践に生きるような内容構成にしたいと考え，単元としての問題解決ではなく，一単位時間の問題解決ができるような授業も多く紹介しています。もちろん私自身も，日々試行錯誤しながら授業をしています。上手くいかなかった点，もっとこうしたらよいという点については，ぜひ工夫・改善しながら授業に臨んでいただければと思います。日常の授業の充実に向けて，授業の手引きにしていただければ，これ以上嬉しいことはありません。

澤田　康介

はじめに……3

1章 見方・考え方を働かせる！中学地理授業デザイン

1 見方・考え方を働かせて探究的な学びを実現……10
2 板書構成について……13
3 本書の読み方……16

2章 見方・考え方を働かせる！中学地理授業づくりの教科書　板書＆展開プラン

「中学地理授業づくりの教科書　板書＆展開プラン」の使い方

☆2章の実践編は，下記のような項目で，授業の全体像をまとめました。読者の皆様の用途に合わせてご活用いただければ幸いです。

○授業での板書（作品）例
○本時のねらい（観点別）と評価のポイント
○見方・考え方を働かせる授業デザイン
　①【導入】深い学びを生む「問い」（かかわる）
　②【展開】社会的事象の意味を見出す協働（つながる）
　③【まとめ】探究的な学びへとつなげるふり返り（創り出す）

1 【世界の地域構成】

1 日本ってどこにあるの？ ……20
2 地球儀と世界地図はどっちが便利？ ……22
3 ユニオンジャックが色々な国の国旗にあるのはどうして？ ……24
4 岩に750億円？! ……26

2 【人々の生活と環境】

1 動物はどの気候がお好み？ ……28

2 熱帯　～高床式が減っているって本当？～ ……30

3 乾燥帯　～砂漠でどうやって生活しているの？～ ……32

4 温帯　～7月なのにスーツにネクタイ？～ ……34

5 寒帯　～寒い地域にも高床の家？!～ ……36

6 高山気候　～富士山並みの標高にまちが広がっている？～ ……38

3 【アジア州】

1 アジア州ってどんなところ？ ……40

2 どうして人口がこんなに増えたの？ ……42

3 キャッシュレス大国韓国！ ……44

4 砂漠の近くの近代都市？! ……46

5 MADE in China が減った？! ……48

6 日本が支援している理由とは？ ……50

4 【ヨーロッパ州】

1 ヨーロッパ州ってどんなところ？ ……52

2 離脱をして嬉しいの？ ……54

3 「霧」に隠された意味って？ ……56

4 エコ大国ヨーロッパ州！ ……58

5 【アフリカ州】

1 アフリカ州ってどんなところ？ ……60

2 ダイヤモンドに隠された真実 ……62

3 よりよい支援って？ ……64

6 【北アメリカ州】

1 アメリカ合衆国は農業もスケールが大きい！ ……66

2 すごいぞ！アメリカ合衆国の自動車社会！ ……68

3 タイガー・ウッズの優勝が伝えたこと ……70

4 北アメリカ州の特色って？! ……72

7 【南アメリカ州】

1 全ての気候帯をコンプリート?! ……74
2 ブラジルなの?日本なの? ……76
3 「恥の壁」って? ……78
4 環境保護というけれど… ……80

8 【オセアニア州】

1 オセアニア州にフランスの国旗? ……82
2 オセアニア州といえば羊?! ……84
3 単元の学びから見えるオセアニア州の過去と現在 ……86

9 【日本の地域構成】

1 山が高くなった?! ……88
2 災害大国日本 ……90
3 果物はどの気候がお好き? ……92
4 自動車保有率が高い地域と低い地域 ……94
5 日本の電力の行方 ……96
6 産業の課題をどうやって解決?! ……98

10 【九州地方】

1 九州地方ってどんなところ? ……100
2 1000回も噴火する御岳 ……102
3 どうしてこんなに大きい大根が育つの? ……104
4 公害で廃校になった小学校 ……106
5 きれいな海を取り戻した母親たちの行動 ……108

11 【中国・四国地方】

1 中国・四国地方ってどんなところ? ……110
2 焼け野原から復興へ ……112
3 人口が増加!邑南町の秘密 ……114
4 人口よりも視察者の方が多い町 ……116

CONTENTS　7

12 【近畿地方】

1 近畿地方ってどんなところ？ ……118
2 およそ10年間でこんなに変わったの？ ……120
3 どうなる?! 京町家！ ……122
4 近畿地方×歴史で見えてくるもの ……124

13 【中部地方】

1 中部地方の日本一から見えるもの ……126
2 深夜に作業を始める理由 ……128
3 ビニールハウスで育てる理由 ……130
4 副業から伝統へ ……132

14 【関東地方】

1 東京都ってどんな場所？ ……134
2 東京都で農業を営むKさん ……136
3 どうして東京都で農業をするのか？ ……138

15 【東北地方】

1 東北地方ってどんなところ？ ……140
2 かたちを変える伝統工芸品 ……142
3 豊作への祈りと祭り ……144
4 修学旅行先として東北をPRしよう！ ……146

16 【北海道地方】

1 今じゃ考えられない?! 開拓当時の北海道！ ……148
2 米がよくとれるのはどんな場所？ ……150
3 北海道東部の人たちが選んだ道は?! ……152
4 手間もリスクもある「カキえもん」を育てるNさん ……154
5 漁師が森にいる?! ……156

おわりに……158
参考文献一覧……159

見方・考え方を働かせる！
中学地理授業デザイン

1　見方・考え方を働かせて探究的な学びを実現

　本書は中学校社会科地理的分野の学習内容について1時間ずつの展開を探究的な学びの視点でまとめたものです。2024年9月に公示された「今後の教育課程，学習指導及び学習評価等の在り方に関する有識者検討会　論点整理」では，「教科固有の見方・考え方」，「主体的・対話的で深い学び」，「習得・活用・探究」に加え，「個別最適な学びと協働的な学びの一体的な充実」の関係性を大切にしていくことが述べられています。探究的な学びを実現するには，探究課題を子どもに与えただけでは，多くの子どもが「えっ?!」「どうして?!」と思うことができるような授業にはなりにくいと考えます。そこで本書では，**深い学びを生む「問い」（導入），社会的事象の意味を見出す協働（展開），探究的な学びへとつなげるふり返り（まとめ）**を整理し，問い・協働・探究を一体的に考えることで探究的な学びを実現できるようにしました。

　私は，人間の誰もが探究したいという知的好奇心があると考えます。それは，大人であろうが子どもであろうが同じであり，自分が「なぜ」「どうして」という疑問を一度もてば，「知りたい」「解決したい」と思うからです。この本を手にしている方も，スマートフォンで気になるネットニュースのタイトルがあれば，自然とタップしてニュースの中身を見ているのではないでしょうか？　YouTube などのショート動画でも，自分の関心のある動画をスライドしては視聴してを繰り返していることはないでしょうか？　私の経験上，「なるほど」「わかった」と感じる経験が多ければ多いほど，もっと「知りたい」と思うようになり，より興味をもつようになると考えます。それは授業においても同じです。一度そうした経験をすると，社会科に興味をもち，好きになることにつながるのではないかと考えます。社会科は，「好き嫌いがはっきり分かれる教科」「暗記教科」と言われることが多い教科です。しかし，日常的に子どもたちが「なぜ」「どうして」という疑問をもてるような授業を継続していけば，社会科好きの子どもたちも増えていくのではないでしょうか。

　社会科の授業は，子どもたちが自らの生活と社会を結び付け，「なるほど！」と感じられる時間であってほしいと願っています。日々の授業では，テストの点数を伸ばすことが確かに重要ですが，それ以上に，子どもたちが社会科の時間を「楽しみ」ながら，「学びの喜び」を実感できるようにしたいと考えています。

　本書は，子どもたちの生活や興味に根ざした「どの子どもも参加できる授業づくり」を目指した内容になっています。社会科の学びを通じて，目の前の子どもたちが，自分たちの地域や世界についての「見方・考え方」を深め，自分たちの未来を主体的に考える力を育む一助となることを心より願っています。

図1は探究的な学びのプロセスを踏まえた授業モデルです。こうして生徒は興味のあることや気になる社会的事象に出合うと学習意欲が喚起されると考えます。そこに自分の生活経験や知っていることとの認識の「ずれ」があれば，さらに学習意欲は高まるのではないかと考えます。そうした瞬間に問いが生まれ，問題解決意欲へとつながっていくものだと考えます。問いを解決していく過程で既習事項を活用したり，他の人の考えを参考にしながら考えたりすることは，知識の定着と考えの深まりにつながっていくはずです。そして，問いを解決できたときの「なるほど」「わかった」という感覚を積み重ねることにより，次時の学習への意欲につながっていくと考えます。以下に，「①深い学びを生む『問い』（導入）」，「②社会的事象の意味を見出す協働（展開）」，「③探究的な学びへとつなげるふり返り（まとめ）」を示します。

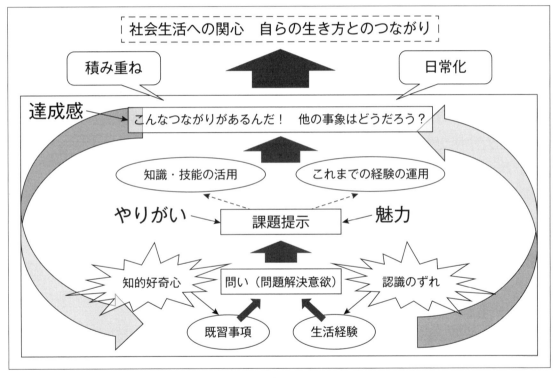

図1　探究的な学びのプロセスを踏まえた授業モデル

①深い学びを生む「問い」（導入）

　上田薫氏は授業における「ずれ」について述べています。授業における「ずれ」とは，教師と子どもの間の反応や理解のくい違いであり，「『ずれ』があるからこそ，それを克服しようと話合いが成立し，その克服を目指す過程で当初のくい違いはまたより深い内容をもった『ずれ』に発展する」と述べています。「ずれ」が，授業における問いとなり，それが次の問いへ

1章　見方・考え方を働かせる！中学地理授業デザイン　11

とつながっていると考えたとき,「ずれ」は問いの要件としても位置づけられる必要があります。本書では,問いの要件として,以下の3点を設定しました。

○矛盾やずれをもとに,「なぜ」という問いからのつながりがある。
○今までの経験だけでは解決が困難であるが,「何か工夫することで解決(思考・判断・表現)できそうだ」という見通しがもてる。
○生徒の知的好奇心がゆさぶられるような魅力がある。

しかし,こうした問いの要件が満たされた課題であったとしても,そこに向かうまでの問題意識や追究意欲を引き出さなければ授業は成立しないと考えます。有田和正氏は,「『わかる』ということはむずかしいことであり,私たちは想像以上に,『わかったつもり』のことを『わかった』と勘違いしている」と述べています。教科書の記述をひとつとっても,簡単だと思うようで,知らないことは多くあります。このように知っていそうなことでも,教師の働きかけにより「なぜ」「どうして」のような切実さを生み出すことが課題提示の際の前提となります。

②社会的事象の意味を見出す協働(展開)

子どもたち一人ひとりの考えを羅列するのでは,思考の広がりや深まりにはつながらないと考えます。また,「協働的な学び」といっても,単にグループワークを行うだけでは学びは深まりません。子どもにグループワークの必要感を抱かせるような工夫や,なぜグループワークを行うのかといった目的をもつことが大切です。

そのため,全体で考える場面において,話し合いの視点を明示したり,発問により教師がファシリテートしたりする必要があります。例えば,地産地消について考える際,「地元の農産

絞る発問	「だれが」「どこで」「いつ」など,人や場所,時間などに絞って問う際の発問
広げる発問	「どのように」と様子や方法を問い,追究させる際の発問
深める発問	「なぜ」と因果関係を問う際,その他の一般化を図る際,多面化・多角化を促す際の発問

物を地元で消費するとどんなよさがあるの?」「どうして地元の農家の方が作った物の方が安心できるのかな?」などと問い返しをすることで,子どもたちの考えを結び付けていきます。こうした発問のあり方について,宗實直樹氏が類型化しています。教師側で意図をもって発問をすることで子どもたちの話し合いの質もグッと上がります。

③探究的な学びへとつなげるふり返り（まとめ）

この場面は一単位時間の授業におけるクライマックスです。授業におけるふり返りは，生徒が学んだことを整理し，理解を深めるための重要なプロセスです。自分の学びをふり返ることで，成功や課題を認識し，次回の学びに生かすことができます。また，自己評価を促し，自分の成長を実感する機会にもなります。以下に，ふり返りの例を示します。

文章で記述する	問いをふり返って調べたことやわかったことを記述する
	自分の学習状況をふり返って考えたこと（感想など）を記述する
キーワードで記述する	重要な言葉をもとに自分の考えを記述する
キャッチコピーをもとにまとめる	単元や本時で印象に残った言葉をもとに，地域や人物にキャッチコピーをつける
図表にまとめる	関係図などに整理することで，着目した情報（事実）や思考のプロセスを「見える化」する

2　板書構成について

「ＩＣＴ機器が発達しているのだから板書は必要ない」という考えをみなさんはどのように考えるでしょうか。ＩＣＴ機器は授業をさらに充実させるものの，板書をなくしてしまうと思考の足場がひとつ失われてしまうと考えます。中村祐哉氏は構造化された板書の意義について「子供の思考の一助となり，『そもそも次なる探究（問い）が，なぜ生まれたのか』について，その源流を辿ること」ができると述べています。ＩＣＴ機器は保存性が低いというデメリットがありますが，板書はその時間内のことが残るため子どもたちにとって学びの経過をひと目で把握できます。

本書では，板書を通して，この本を手に取っていただいた方に向けて実践を紹介しています。もちろん，全て実際に授業をした写真を掲載しています。同じ授業をしても同じような構造にはならないこともあるでしょう。しかし，若い先生やこれから教師を目指す学生の方にとっても，明日からの実践に生かせるよう板書を掲載しました。本書では，次の板書の型を基本としながら，ねらいに応じて構造を柔軟に変えています。

①問題解決型…問題解決の過程が見える
②話し合い型…立場や対立，考えの違いが見える

1章　見方・考え方を働かせる！中学地理授業デザイン　13

①問題解決型板書のポイント

問題解決型板書のポイントは以下の4点です。

①資料をもとに社会的事象と出合い，本時の問いを生む
②予想から検証の過程を整理する
③展開場面の学びを深める資料
④問いに対するまとめ

社会科の王道とも言える流れであり，多くの先生方が日常的な授業において用いているかと思います。図2のように，問題解決型板書では問題解決のプロセスを左側から右側へと整理していきます。板書を見るとどのように問いを解決したのかがわかるため，多くの子どもが授業に参加しやすい板書の型であると考えます。

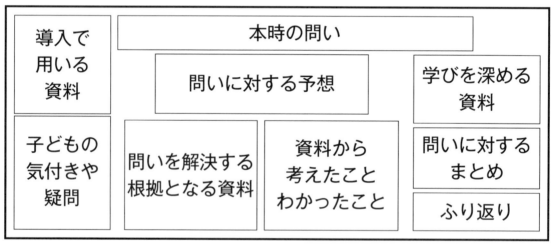

図2　問題解決型板書の様式

②話し合い型板書のポイント

話し合い型板書のポイントは以下の2点です。

①立場や考えを分けて整理する
②話し合いをもとに，新たな問いや考える視点を生み出す

図3からわかるように，話し合い型の板書ではありますが，その時間の問いがなければ子どもたちにとって追究意欲は掻き立てられないため，問題解決型と同じように問いを書き残しています。問題解決型板書との違いは話し合いに時間をかけ，問いを生んだ上で子どもたちに委ねながら考えをじっくり整理していくことです。勝ち負けを決めるディベートではなく学びを深めていくための話し合いです。子どもたち同士でやりとりする時間を確保することで共通点や相違点が整理されるとともに，話し合い後に新たな問いを生み出したり，問い直しをしたりすることにつながっていきます。

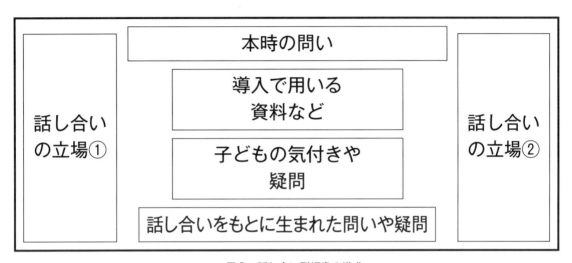

図3　話し合い型板書の様式

　日本の教育が大きな転換期を迎える今こそ，板書の価値が問われていると考えます。捉え方によっては板書と聞くと一斉授業での一方的な教授と考える方もいるかもしれませんが，私は「子どもたちが創り上げた学びの証」だと考えます。教師にとっては1時間の授業が何百回のうちの1回でも，子どもたちにとっては二度と受けられないものだからこそ，板書を通してその時間の学びを刻んでいきたいものです。

3 本書の読み方

【板書】
1時間の授業の板書例です。本書では，多くの方が実践しやすいように一単位時間の問題解決の板書にしています。そのため単元の問いについては記載していませんが，こちらをベースにしながらご自身の授業スタイルや子どもの実態に応じてアレンジしてください。

【本時のタイトル】
中学校各社の教科書を比較して記載しています。どの教科書会社を使用しても差し支えがないような順序にしています。

13 中部地方
1 中部地方の日本一から見えるもの （1時間構成）

🔲 板書

見方・考え方を働かせる授業デザイン

❶【導入】深い学びを生む「問い」（かかわる）

本時の問いへつなぐ発問：中部地方各県の日本一には，どんなものがあてはまるかな？

導入では，中部地方の県名について確認した上で，県に関係する日本一について穴埋めクイズを出します。右の資料に例を提示しましたが，子どもの実態によって柔軟に変更できます。単元の導入であるため，多くの子が参加することができ，どの子も本時だけではなく，単元の学習に見通しをもつことができるようにします。

【中部地方の日本一（例）】
- 新潟：日本一の銘柄米コシヒカリ
- 富山：チューリップ（球根）日本一
- 福井：メガネ生産日本一
- 長野：レタス生産・精密機械工業日本一
- 岐阜：包丁生産日本一
- 山梨：ぶどう生産日本一
- 愛知：日本一の工業生産県
- 静岡：ピアノ出荷量＆生産額・茶の栽培 カツオの水揚げ日本一
- 石川：金箔生産日本一

※板書，導入の資料は各県HPを参照して作成

【深い学びを生む「問い」】
授業の導入です。社会科は「資料が命」とも言われているので，資料提示を通して子どもたちと問いを立てます。絵や写真，グラフ，ときには子どもの考えが資料となることもあります。社会科における「見方・考え方」を引き出しながら，子どもの「えっ?!」「どうして?!」などの疑問を生むことができるようにしています。

【資料】
本時で子どもたちの考えをゆさぶったり，深めたりするための中心となる資料を掲載しています。1人1台端末等で共有しています。

【本時のねらい】
　本時で育成したい資質・能力です。本書では，一単位時間の問題解決の授業が中心のため，主に「知識・技能」「思考・判断・表現」の視点で記述しています。

【社会的事象の意味を見出す協働】
　子どもたちが導入で生み出した問いを解決していく場面です。子どもたちが社会科における「見方・考え方」を発揮できるよう，この場面での子どもたちの発言を板書上に位置づけながら，話し合いを進めていきます。話し合いを通して，子どもたちが社会的事象をつなげられる姿を目指します。キーワードを掲載しているページも多くありますので，そうした言葉をきっかけとしながら，多面的に考察したり，多角的な思考をしたりすることにつなげていきます。

本時のねらい
【知識・技能】中部地方の特徴を表現する活動を通して，中部地方の産業が盛んであるという特徴を理解することができる。

❷【展開】社会的事象の意味を見出す協働（つながる）
思考をゆさぶる発問：クイズから中部地方にはどのような共通点があると言えるかな？

　展開場面では，クイズをもとに中部地方の共通点を探っていきます。授業の実際では「ものづくりが盛んである」などの反応が出されました。導入でのクイズの共通点としては，中部地方は産業が盛んであることに気付くことができるようなものにしました。こうして本単元で産業の側面から中部地方の特色を見出せるようにしました。

❸【まとめ】探究的な学びへとつなげるふり返り（創り出す）
探究へつなぐ発問：なぜ中部地方では産業の日本一が多いのかな？

　授業のまとめでは，展開場面で見出した産業の共通点をもとに，「なぜ中部地方では産業の日本一が多いのか？」という問いを生み出しました。次時以降の学習に向けて，本時では予想をする時間を位置づけました。

【探究的な学びへとつなげるふり返り】
　本時での学びを一歩深めていく場面です。展開場面での学びをもとにしながら，「一般化する」「異なる視点から考える」「資料提示などをもとにして子どもたちの認識をゆさぶる」など，その時間によってさまざまです。
　その時間のねらいにもよりますが，本時の学びを通して「構想」するような学習活動を位置づけることにより，次時や未来へつながる場面になります。

評価のポイント
・❸の場面について，中部地方の産業の側面に着目して，中部地方の特徴を理解することができているか。

【評価のポイント】
　本時のねらいを達成できたのかどうかを確認するポイントです。実際の授業では，ポイントをもとに授業の姿やノート・1人1台端末における記述を見て評価しています。

1章　見方・考え方を働かせる！中学地理授業デザイン　17

見方・考え方を働かせる！
中学地理授業づくりの教科書
板書&展開プラン

1　世界の地域構成

1　日本ってどこにあるの？
（1時間構成）

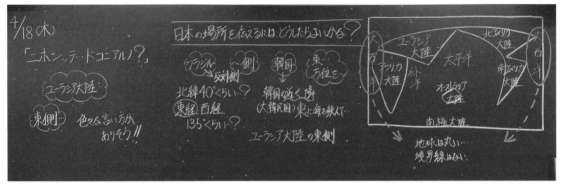

見方・考え方を働かせる授業デザイン

❶【導入】深い学びを生む「問い」（かかわる）

本時の問いへつなぐ発問：外国人観光客から「日本ってどこにあるの？」と聞かれたら何と説明するかな？

　この授業は，初めての地理の授業になる学級も多いと思います。子どもたちにとって具体的な場面が想起できるよう，授業の導入では「外国人の方からみんなにメッセージが届いています」と子どもたちに伝え，映像を視聴するところから始めました。実際には，私が架空の外国人に扮して「ニホンノコトガワカラナイ！　ニホンッテドコニアルノ？」と子どもたちに投げかけるものです。中学校では，入学直後には「中1ギャップ」が課題として取り上げられますが，どの子どもも授業に参加できる働きかけを意識しました。

💡 本時のねらい

【知識・技能】日本の位置を説明する活動を通して，海洋や大陸の名称，緯度・経度をもとにその位置関係を理解することができる。

❷ 【展開】社会的事象の意味を見出す協働（つながる）

思考をゆさぶる発問：もっとくわしく伝えることができないかな？

問いを共有した後に，まずは個人で地図帳や教科書などを活用しながら，自分なりの表現ができるようにしていきます。「大韓民国（以下，韓国）の東側」などの国名を用いた表現，「太平洋の西の端」「ユーラシア大陸の東側」など小学校で学んだ学習事項をもとにした表現というように，それぞれに豊かな表現をすることと思います。

その上で，「ユーラシア大陸の東側なら韓国だってあてはまるよ？」のように，子どもたちの表現したことをもとに認識をゆさぶります。地図帳を見て，緯度・経度に着目して説明する子が現れると考えます。緯度・経度をもとにした考え方は，次の単元である世界の諸地域の学習の足がかりにもなります。

❸ 【まとめ】探究的な学びへとつなげるふり返り（創り出す）

探究へつなぐ発問：他の国はどのように表せるかな？

ひと通り日本の位置を確認した上で，「他の国はどのように表せるかな？」と問いかけます。日本は海に面しているため，内陸国であるモンゴルなどを取り上げてもよいですし，子どもたちから表現する国を取り上げてもよいと考えます。本時で学習した海洋や大陸の名称はもちろん，緯度・経度を用いながら，それぞれの子どもが豊かに表現できる姿を目指します。

📝 評価のポイント

・②の場面について，海洋や大陸，緯度・経度をもとにしながら，日本の位置関係を理解することができているか。
・③の場面について，日本以外の国も本時の学習事項をもとに説明しようとしているか。

1 世界の地域構成

2 地球儀と世界地図はどっちが便利？ （1時間構成）

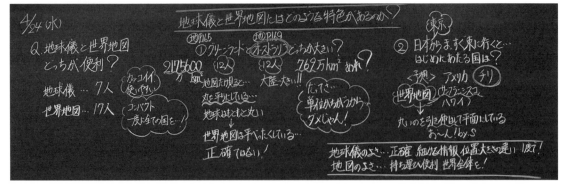

見方・考え方を働かせる授業デザイン

❶ 【導入】深い学びを生む「問い」（かかわる）

本時の問いへつなぐ発問：地球儀と世界地図はどっちが便利だろう？

　子どもたちはこれまでの学習の中で地球儀や地図には触れてきています。そうした経験を想起させながら，「地球儀と世界地図はどっちが便利だろう？」と問いかけます。

　この際のポイントは2つあります。1つ目は，立場をもたせることです。どちらが便利だと思うか立場を表明させることで，自分なりの立場をもち学級全員を授業に巻き込むことへとつながります。2つ目は，なぜその立場を選んだのかいくつか理由を取り上げることです。授業の実際では，地球儀を選んだ生徒からは「本当の地球の形をしているから使いやすい」などの発言，世界地図を選んだ生徒からは「コンパクトで持ち運びしやすい」などの発言が出されました。こうした発言は展開場面とつながる発言なので，導入でいくつか取り上げられると展開で導入とのつながりを生むことができます。

【思考・判断・表現】地球儀と世界地図を比較する活動を通して，地球儀と世界地図の特徴を説明することができる。

❷ 【展開】社会的事象の意味を見出す協働（つながる）

思考をゆさぶる発問：面積が大きいのはグリーンランドとオーストラリアのどっちかな？

　展開場面では，導入での表明した立場をもとにしながら，グリーンランドとオーストラリアはどちらの面積が大きいのか確かめる活動を位置づけます。この活動では，どちらが大きいか予想した後に，実際に地球儀を各グループに渡して大きさを確かめる活動を位置づけます。地図上では面積が大きく見えるグリーンランドが実際にはオーストラリアよりも面積が小さい理由について，「地球はもともと丸いけど，地図ではそれを平らにしている」などの子どもの表現を板書に位置づけながら全体で説明し合う姿を引き出すことを目指します。

　板書の右側にもあるように，「日本から真っ直ぐ東に進んではじめにあたる国」についても同様に地球儀をもとに確認すると，より学びが深まると考えます。

❸ 【まとめ】探究的な学びへとつなげるふり返り（創り出す）

探究へつなぐ発問：地球儀と世界地図には，どんなよさがあるかな？

　展開場面の活動を通して，地球儀・世界地図どちらにもよさがあることに気付く子どもの姿が見られると考えます。授業の実際では，導入では，地図の方が便利という子が多かったのですが，地図が万能ではないことに気付く姿が見られました。本時の学習を通して，子どもたちが見出したそれぞれのよさを引き出すことで，特徴を明確にできるようにします。

評価のポイント

・②の場面について，地球儀と世界地図で面積や距離が異なる理由を「球体」「平面」などの言葉をもとに説明することができているか。
・③の場面について，地球儀と世界地図を比較する活動を通して，地球儀・世界地図のよさを表現しようとしているか。

1　世界の地域構成

3　ユニオンジャックが色々な国の国旗にあるのはどうして？（1時間構成）

板書

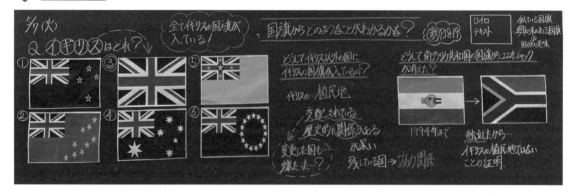

見方・考え方を働かせる授業デザイン

❶【導入】深い学びを生む「問い」（かかわる）

本時の問いへつなぐ発問：イギリスはどの国旗だろう？

　多くの子どもたちはイギリス＝ユニオンジャックというイメージがあると考えます。この時間では、ユニオンジャックが用いられている国旗を複数提示することにより、子どもたちの認識をゆさぶっていきます。

　授業の導入では、「ニュージーランド」「ツバル」「イギリス」「オーストラリア」「ニウエ」「クック諸島」という6カ国の国旗を提示するところから始めます。「イギリスはどの国旗だろう？」と問い、地図帳や1人1台端末を活用してそれぞれの国旗がどの国のものなのか調べる時間を位置づけます。子どもたちはすぐにユニオンジャックが共通していることに気付くと考えます。この発問を通して、イギリス以外の国旗にも、ユニオンジャックが共通していることを全体で共有し、本時の問いである「国旗からどのようなことがわかるかな？」という問いへつなげていきます。

 本時のねらい

【思考・判断・表現】イギリス以外の国にユニオンジャックが用いられている理由について，歴史的背景に着目して説明することができる。

❷ 【展開】社会的事象の意味を見出す協働（つながる）

> 思考をゆさぶる発問：どうしてイギリス以外の国にユニオンジャックが入っているの？

国旗には，その国の願いや歴史が深く関わっているものがあります。展開場面では，「どうしてイギリス以外の国にユニオンジャックが入っているのだろう？」と問うた上で，歴史的背景に着目していけるようにします。引き出したいキーワードは次の２点です。

キーワード①　植民地	キーワード②　協力関係
・過去にイギリスの植民地となっていた歴史があり，その名残として現在も国旗の一部にユニオンジャックがある。	・イギリス連邦（コモンウェルス）に加盟し，イギリスと協力関係にあることがわかる。

こうして，子どもたちからキーワードを引き出した上で，ペア活動などを取り入れながら，国旗と歴史的背景のつながりを説明していく活動を位置づけていきます。

❸ 【まとめ】探究的な学びへとつなげるふり返り（創り出す）

> 探究へつなぐ発問：どうして南アフリカ共和国の国旗からユニオンジャックが消えたのかな？

授業のまとめでは，南アフリカ共和国の国旗を取り上げます。独立したことがきっかけになり，新たな国旗になった例を取り上げることで，「他の国の国旗はどうなっているのだろう？」という探究へつなげます。

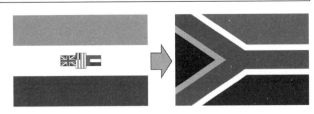

評価のポイント

・②の問いについて，ユニオンジャックが複数の国旗にある理由をキーワードをもとに考えているか。
・③の問いについて，国旗が変わった理由を独立したことと関連づけて説明することができているか。

1 世界の地域構成

4 岩に750億円?!　（1時間構成）

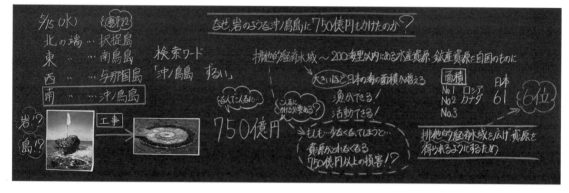

見方・考え方を働かせる授業デザイン

❶ 【導入】深い学びを生む「問い」（かかわる）

本時の問いへつなぐ発問：（護岸工事前の沖ノ鳥島の写真を提示後）何の写真かな？

　導入では，護岸工事前の沖ノ鳥島の写真を提示します。「何の写真かな？」と子どもたちに問いかけると，「岩？」などの反応が返ってくるかと思います。すでに知っていて島などの反応がある場合には，「こ

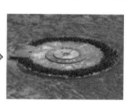

れのどこが島なの？」ととぼけてもよいかと考えます。その後，護岸工事後の写真を提示し，沖ノ鳥島の護岸工事におよそ750億円がかけられた事実を伝えます。「こんなにお金をかける必要あるの……？」「高すぎると思う」など，子どもの率直な反応がある場合には全体で共有すると本時の問いへの足がかりとなります。

【知識・技能】沖ノ鳥島の護岸工事を行った理由を説明することを通して、排他的経済水域の意義を理解することができる。

❷ 【展開】社会的事象の意味を見出す協働（つながる）

思考をゆさぶる発問：なぜ岩のような島に750億円もかけたのかな？

導入での子どもの反応をもとに、本時の問いである「なぜ岩のような島に750億円もかけたのか？」へつなげます。本時の問いを解決する際のキーワードは「排他的経済水域」です。小学校で学習していることもあり、多くの子が「排他的経済水域」に着目しますが、多くの費用をかけてまで護岸工事を行った理由について説明できるかが本時の鍵となります。そのため、護岸工事をした理由と資源を関連づける発言に着目しながら、子どもたち同士でじっくり説明し合えるような場面を大切にしていきます。

排他的経済水域を確保する意味
・自由に漁業ができる。 ・石油などの天然資源を掘ることができる。 ・科学的な調査を行うことができる。

❸ 【まとめ】探究的な学びへとつなげるふり返り（創り出す）

探究へつなぐ発問：もしも排他的経済水域が減ってしまうとどうなるのかな？

授業のまとめでは、護岸工事をしなかった場合を想起することにより、本時の学びをふり返ります。「もしも排他的経済水域が減ってしまうとどうなるのかな？」と問いかけることで、「とれるはずの水産資源がとれなくなってしまうかもしれない」などの反応を引き出したいと考えます。

もしも排他的経済水域がなかったら……
・自由に漁業ができない！ ・資源を得られず、長期的に見ると750億円以上の損失……？

評価のポイント

・❷❸の問いについて、排他的経済水域や資源と関連づけながら、護岸工事を行った理由を理解することができているか。

2 人々の生活と環境

1 動物はどの気候がお好み？

（1時間構成）

板書

見方・考え方を働かせる授業デザイン

❶【導入】深い学びを生む「問い」（かかわる）

本時の問いへつなぐ発問：動物たちはどんなところにすんでいるかな？

　導入では，すむ気候帯の異なる動物の写真を提示します。提示する動物は「トナカイ」「シロクマ」「ワニ」「カバ」「カンガルー」「コアラ」「ライオン」「キリン」「ラクダ」の9つです。以下のような流れで，子どもたちとやりとりしながら本時の問いへつなげていきます。

T：（動物の写真を提示した後に……）動物たちはどんなところにすんでいるかな？
S：ワニは暑いところにすんでいるイメージ。
S：ライオンも気温が高いところにいそうだね。
S：トナカイやシロクマは気温が低いところに生息してそうだ。
T：ワニとライオン，トナカイとシロクマは同じ場所にすんでいるということかな？
S：確かにそうなりそうかな？
S：でも，ワニはアマゾンにいそうだけど，ライオンはアマゾンにはいなさそうだよ。

【知識・技能】動物と雨温図を仲間分けする活動を通して、気候帯の特徴を理解することができる。

❷【展開】社会的事象の意味を見出す協働（つながる）

思考をゆさぶる発問：ワニとライオンは同じ気候帯にすんでいないのかな？

展開場面では、グループごとに動物たちの写真と雨温図を一枚ずつ配付します。グループごとに活動する場面を位置づけることで、気温や降水量、写真の細部を見ながら根拠をもって仲間分けすることができる姿を目指しました。

仲間分けした内容を共有した上で、「ワニとライオンは同じ気候帯にすんでいないのかな？」と問いかけます。この発問により、気候帯の学習で鍵となる「植生」に着目しながら、説明する姿を引き出していきます。実態に応じてトナカイとシロクマなどで同じような発問もできます。

❸【まとめ】探究的な学びへとつなげるふり返り（創り出す）

探究へつなぐ発問：それぞれの動物の生息する気候にはどんな特徴があるかな？

仲間分けの活動を終えた後に、気候の特色に目を向けられるようにします。雨温図の特徴をもとにしながら、それぞれの気候帯について確認していきます。

評価のポイント

・②の場面について、仲間分けの際に、雨温図や植生を関連づけながら話し合っているか。
・③の場面について、雨温図の特徴をもとに気候帯を理解することができているか。

2 人々の生活と環境

2 熱帯 ～高床式が減っているって本当？～ （1時間構成）

板書

見方・考え方を働かせる授業デザイン

❶ 【導入】深い学びを生む「問い」（かかわる）

本時の問いへつなぐ発問：どうして熱帯で高床式が減っているのかな？

導入では、「カンボジア」「タイ」「フィジー」の共通点を探らせた上で、共通点のひとつに気候帯が熱帯であることを確認します。その上で、熱帯

の伝統的住居のひとつとして、教科書でも取り上げられている「高床式」を紹介します。その後、もう一枚「れんが造りの家」の写真を提示します。実は、現在伝統的住居である「高床式」に変わり、「れんが造りの家」が増えています。この事実をもとに、子どもたちの疑問を生んでいきます。

本時のねらい

【思考・判断・表現】熱帯の住居の移り変わりについて調べることを通して，熱帯の暮らしや自然環境における課題を説明することができる。

❷ 【展開】社会的事象の意味を見出す協働（つながる）

思考をゆさぶる発問：なぜ高床式が少なくなっているのかな？

展開場面では，本時の問いである「なぜ高床式が少なくなっているのか？」について，まずは子どもたち一人ひとりが予想する活動を位置づけます。実際の授業では「耐久性」などの観点から予想する姿が見られました。子どもたちと予想を共有した後に，資料として Google Earth のタイムラプス機能を使用します。タイムラプス機能では，約30年の地形の変化を確認できます。1984年から現在までの変化を見せることで，森林が減少しているという事実をもとに，高床式が減少している事実を説明することができます。

❸ 【まとめ】探究的な学びへとつなげるふり返り（創り出す）

探究へつなぐ発問：人間だけが森林が少なくなって困るのかな？

授業のまとめでは，この発問を通して，広い視野で自然環境について考えます。前時で動物と気候帯を関連づけて学習しているため，本時でも森林伐採によりオランウータンのすみかが減っている事実を学ぶことで，SDGs の入り口へとつなげます。

評価のポイント

・❷の場面について，高床式が少なくなっている理由について，森林伐採と関連づけて説明することができているか。
・❸の場面について，自然破壊が与える影響を多面的に考えようとしているか。

2 人々の生活と環境

3 乾燥帯 〜砂漠でどうやって生活しているの？〜 （1時間構成）

板書

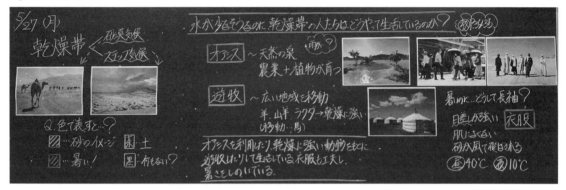

見方・考え方を働かせる授業デザイン

❶ 【導入】深い学びを生む「問い」（かかわる）

本時の問いへつなぐ発問：砂漠を色で表すとどんな色になるかな？

導入では，ロイロノートのテキストの色を用いて砂漠を色で表す活動を行います。何も書かずテキストの色を選ぶだけなので，多くの子が参加できます。実際の授業では，ほとんどの子が黄色を選択しました。「どうして黄色を選んだの？」と子どもたちに投げかけると，「砂」や「乾燥」の言葉を用いて発言する姿が見られました。

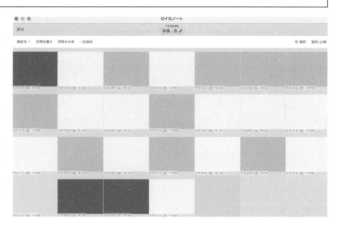

 本時のねらい

【知識・技能】乾燥帯における砂漠気候の生活の様子について，オアシスや遊牧をもとに理解することができる。

❷ 【展開】社会的事象の意味を見出す協働（つながる）

思考をゆさぶる発問：（乾燥して）水が少なそうなのに，どうやって生活しているのかな？

導入の色からもわかるように，砂漠気候は乾燥しているというイメージが子どもたちにはあります。そこで，「乾燥していて，水が少なそうなのに，どうやって生活しているのか？」という問いを生みます。以下のキーワードをもとに全体での対話へとつなげていきます。

キーワード① オアシス	キーワード② 遊牧
・天然の泉が湧き出るため，植物が育ち，農業ができる。	・乾燥に強い羊や山羊とともに，草や水を求めて移動する。

❸ 【まとめ】探究的な学びへとつなげるふり返り（創り出す）

探究へつなぐ発問：暑いのに，どうして長袖を着ているの？

砂漠気候の特徴について，さらに理解するために気温が高いにもかかわらず，長袖を着ている画像を提示します。「暑そう！」などの反応が出た場合には，そこで「暑いのに，どうして長袖を着ているの？」という問いへつなげます。追究の過程で激しい日較差や熱で温められた砂の危険性について考えられ，砂漠気候について具体的なイメージをもって学ぶことができます。

気温が高いとき…

【日本での服装】  【乾燥帯での服装】

評価のポイント

・②の問いについて，オアシスや遊牧を手がかりにして砂漠気候の生活を理解することができているか。
・③の問いについて，砂漠気候の日較差などをもとに高温でも長袖を着る理由について追究しようとしているか。

2 人々の生活と環境

4 温帯 〜7月なのにスーツにネクタイ？〜 （1時間構成）

板書

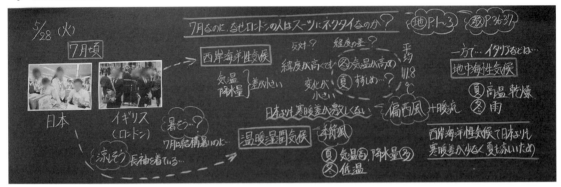

見方・考え方を働かせる授業デザイン

❶【導入】深い学びを生む「問い」（かかわる）

本時の問いへつなぐ発問：（7月の日本・ロンドンの写真）何か気付くことはあるかな？

導入では，日本とロンドンの写真をもとに本時の問いへつなげられるようにしました。子どもたちとのやりとりを以下に示します。

T：（7月頃と板書して，7月頃の日本とロンドンの写真を提示）どちらも7月頃の様子です。何か気付くことはあるかな？
S：日本はクールビズかな？
S：ロンドンの人はネクタイを着けてジャケットも着ているから，暑そう。
S：ロンドンは涼しいんじゃない？
T：日本と季節が違うということかな？
S：でも，南半球なら季節は逆になるけど，日本と同じ北半球だよ？
S：だったら季節は同じじゃないかな？

本時のねらい

【思考・判断・表現】７月でもロンドンの人たちがスーツを着てネクタイを着用している理由について，西岸海洋性気候の特徴をもとに説明することができる。

❷ 【展開】社会的事象の意味を見出す協働（つながる）

思考をゆさぶる発問：７月なのに，なぜロンドンの人はスーツにネクタイなのかな？

導入での疑問である「７月頃は暑いのに，どうしてロンドンの人はスーツにネクタイを着用するのか？」を本時の問いとして設定しました。問いを解決する鍵は気候の違いです。以下の気候の視点をもとに，問いの解決へとつなげました。

西岸海洋性気候（ロンドン）	温暖湿潤気候（日本）
・偏西風と暖流により日本と気候が異なる。 ・北海道よりも緯度が高いが，寒暖差が小さく，夏は涼しく冬の気温も北海道より高い。	・日本は季節風により温暖湿潤気候。 ・本州では，一般的に夏に気温が高く，冬の気温は低くなる。

❸ 【まとめ】探究的な学びへとつなげるふり返り（創り出す）

探究へつなぐ発問：温帯の３つの気候で旅行に行くならどの気候を選びますか？

本時のふり返りでは，「温帯の３つの気候で旅行に行くならどの気候を選びますか？」と子どもたちに投げかけます。どれがよいというものではなく，あくまで本時の学びを生かす場面として，この活動を位置づけています。本時の学びをもとに，自分なりにひとつの気候を選ぶ姿を引き出すことをねらいました。

「西岸海洋性気候」「温暖湿潤気候」「地中海性気候」…旅行に行きたいのはどの気候？
私が選んだのは…　　　　　　　　　　気候
その理由は…

評価のポイント

・❷の問いについて，温暖湿潤気候と比較し，西岸海洋性気候の特徴を説明することができているか。
・❸の問いについて，気候の特徴に触れながら，自分なりにひとつの気候を選ぼうとしているか。

2章　見方・考え方を働かせる！中学地理授業づくりの教科書　板書＆展開プラン　35

2　人々の生活と環境

5　寒帯　～寒い地域にも高床の家?!～　　（1時間構成）

板書

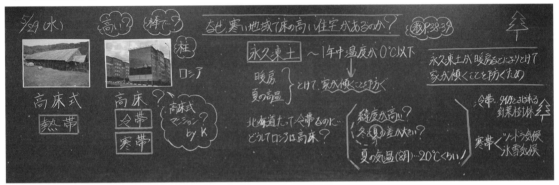

見方・考え方を働かせる授業デザイン

❶【導入】深い学びを生む「問い」（かかわる）

本時の問いへつなぐ発問：どうして寒い地域でも高床の家があるのかな？

導入では，熱帯の高床式の家の写真とロシアで見られる床の高い住宅の写真を比較します。子どもたちとのやりとりを以下に示します。

T：（熱帯の高床式の写真を提示）この写真は何の写真か覚えていますか？
S：熱帯雨林気候で見られる高床の家だね。
T：（寒帯の高床式の写真を提示）この写真はロシアのオイミャコンという寒帯の地域の写真です。何か気付くことはあるかな？
S：家の下に柱がついている。
S：寒いはずなのに，高床みたいになっている。
T：熱帯と同じように風通しをよくするためじゃないかな？
S：地図帳を見ても，オイミャコンは内陸だから，風通しは関係なさそう！

 本時のねらい

【知識・技能】寒帯で高床の住宅が見られる理由を「永久凍土」などの言葉を用いて説明することを通して理解することができる。

❷ 【展開】社会的事象の意味を見出す協働（つながる）

思考をゆさぶる発問：北海道だって冬の気温が低いにもかかわらず高床の住宅がないのに，どうしてオイミャコンでは高床の住宅が見られるのかな？

　展開場面では，本時の問いである「なぜ寒い地域でも高床の住宅があるのか？」について，永久凍土などの言葉をもとに話し合いながら解決できるようにします。子どもたちの話し合いが一度収束しそうになったタイミングで，「北海道だって冬は寒いよね？　どうしてオイミャコンでは床を高くしなきゃいけないのかな？」と子どもたちに投げかけます。永久凍土だけで話し合いが進んでしまうと表面的な理解にとどまってしまう可能性があります。そこで，このように教師が子どもたちに問い返すことで「オイミャコンは−40℃になることもあるくらい寒く，北海道よりももっと寒い」「夏の気温も平均で20℃以下」などのオイミャコンならではの様子を通して，寒帯の特徴を見出すことができます。

❸ 【まとめ】探究的な学びへとつなげるふり返り（創り出す）

探究へつなぐ発問：サンタの背景にはどんな木がふさわしいかな？

　授業のまとめでは，植生について確認するために，絵を描く活動を取り入れます。植生について気候帯と一対一で確認すると暗記になりがちですが，子どもたちの生活経験と結び付けることで物事を関連づける力を育むことを目指します。

評価のポイント

・②の場面について，北海道の生活と比較しながら，寒帯の特徴を理解することができているか。
・③の場面について，サンタクロースと植生を関連づけようとしているか。

2　人々の生活と環境

6　高山気候　～富士山並みの標高にまちが広がっている？～　（1時間構成）

板書

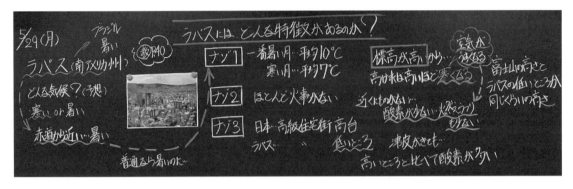

見方・考え方を働かせる授業デザイン

❶【導入】深い学びを生む「問い」（かかわる）

本時の問いへつなぐ発問：ラパスの気候は寒いかな？暑いかな？

　導入では，ラパスの写真を提示し，地図帳で場所を確認します。南アメリカ州に位置するボリビア多民族国内にあることを全体で共有した上で，「ラパスの気候は寒いかな？暑いかな？」と問いかけます。実際の授業では，赤道の近くにあることから，多くの子が「暑い」と予想しました。しかし，ラパスの雨温図を提示すると気温が低いことがわかります。こうした子どもたちの予想とのずれを生み出し，問いへつなげられるようにします。

【思考・判断・表現】高山気候の特徴について，標高の高さと関連づけて説明することができる。

❷ 【展開】社会的事象の意味を見出す協働（つながる）

思考をゆさぶる発問：ラパスは赤道に近いのに，なぜ気温が低いのかな？

導入での子どもたちの疑問をもとにして「ラパスは赤道に近いのに，なぜ気温が低いのかな？」と問いかけます。実際の授業では地図帳をもとに，標高が高いことに気付く子どもが増えた段階で，「標高が高いことと気温が低いことって，どんなつながりがあるのかな？」と問いかけ，ねらいの達成ができるようにしました。

❸ 【まとめ】探究的な学びへとつなげるふり返り（創り出す）

探究へつなぐ発問：日本では高級住宅街の多くは高台にあるのに，どうしてラパスの高級住宅街は低地にあるのかな？

本時では，全体で３つのナゾをもとに，標高が高い地域の特徴を見出せるようにしました。具体的には，一見関係なさそうな３つのナゾから標高が高い地域の生活の様子を主体的に追究できるようにしました。

ナゾ①　赤道に近いのに，平均気温が低いのはなぜ？	ナゾ②　ラパスでは，ほとんど火事がないのはなぜ？	ナゾ③　ラパスの高級住宅街が低地にあるのはなぜ？
・標高が高い場所に位置しているため。	・標高が高いことから，酸素が薄いため。	・低地でも富士山並みの標高のため，高地だと生活がしにくいため。

評価のポイント

・②の問いについて，標高の高さと関連づけて平均気温の低さを説明することができているか。
・③の問いについて，標高の高さと関連づけながら，ナゾを追究しようとしているか。

3 アジア州

1 アジア州ってどんなところ？ （1時間構成）

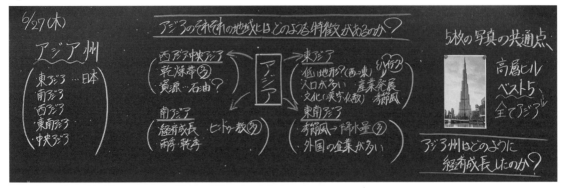

見方・考え方を働かせる授業デザイン

❶ 【導入】深い学びを生む「問い」（かかわる）

本時の問いへつなぐ発問：アジア州はいくつに分けられるのかな？

　アジア州は5つに分けられます。小学校でも詳しく学習していない内容なので，グループなどで「○○アジア」の○○にあてはまる方位を挙げさせるだけでも，楽しそうに活動する子も多いと思います。基本的な知識だからこそ，一方的に教師から与えるだけではなく，活動を取り入れることで暗記にとどまらない学習になるかと思います。

　アジア州の分けられ方について共有した後に，「アジアってどんなところかな？」と問いかけると，日本と関わりのある国についてのイメージはあるものの，この段階ではアジア州の地域ごとのイメージが湧かない子が多いと考えます。本時はアジア州の入り口のため，アジア州のイメージをもてるような1時間にできるよう，展開へとつなげていきます。

本時のねらい

【知識・技能】アジア州の地域の様子を調べる活動を通して，各地域の特徴を理解できる。

❷【展開】社会的事象の意味を見出す協働（つながる）

思考をゆさぶる発問：アジア州のそれぞれの地域にはどのような特徴があるかな？

本時では，「アジアって○○なところ」と一人ひとりの子どもが語れることを目指します。そのため，アジア州の地域ごとの様子についてそれぞれが調べる時間を確保します。

ここでのポイントは，子どもたちが根拠となる資料も紹介できるようにしたことです。根拠をもつことは社会科ならではの学びであるととも

に，子どもが見つけた資料は今後の授業の鍵となることが大いにあります。今後の授業で子ども自身が本時の学びと学習を関連づけて話をしたり，ときには教師が子どもの資料を活用すると，子どもが調べたことに価値が生まれます。

❸【まとめ】探究的な学びへとつなげるふり返り（創り出す）

探究へつなぐ発問：ランキングにはどんな共通点があるかな？

世界高層ビルランキング（2023年）を写真とともに提示し，「どんな共通点があるかな？」と問います。全てアジア州にあるという共通点があり，経済発展の側面に気付かせ，単元の問いへつなげます。

世界高層ビルランキング

1位　ブルジュ・ハリファ
2位　上海タワー
3位　メッカロイヤル　クロックタワー
4位　ピンアンファイナンスセンター
5位　ロッテワールドタワー

「世界一高いビルランキングトップ100」
（2023年1月時点）より

評価のポイント

・❷の場面について，資料をもとに地域ごとの様子を理解できているか。
・❸の場面について，世界高層ビルランキングをもとに単元の学習を追究しようとしているか。

3 アジア州

2 どうして人口がこんなに増えたの？　（1時間構成）

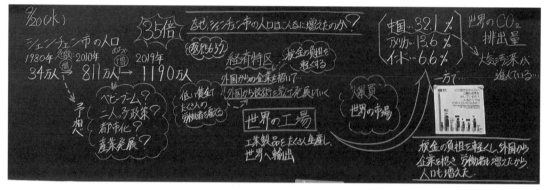

見方・考え方を働かせる授業デザイン

❶ 【導入】深い学びを生む「問い」（かかわる）

> 本時の問いへつなぐ発問：シェンチェン市の様子を比べると、どんな変化があるかな？

　導入では、1980年と2019年のシェンチェン市の写真を提示した上で、シェンチェン市の人口の変遷を伝え、本時の問いへつなげます。子どもたちとのやりとりを以下に示します。

> T：1980年のシェンチェン市と2019年のシェンチェン市の様子を比べると、どんな変化があるかな？
> S：2019年には、大きな橋ができて、道路の幅も広くなっている。
> S：1980年は人が賑わっていない感じがするけど、2019年は建物の数も増えて人が賑わっていそう。
> T：シェンチェン市の人口は1980年に34万人でしたが、2010年に811万人、2019年には1190万人になりました。
> S：そんなに増えたの?!

※板書は「2022年深セン市統計情報」（2023）を参照して作成

本時のねらい

【知識・技能】シェンチェン市の人口が増えた理由について、経済特区との関連を見出し理解することができる。

❷ 【展開】社会的事象の意味を見出す協働（つながる）

思考をゆさぶる発問：なぜシェンチェン市の人口はこんなに増えたのかな？

シェンチェン市の人口が増えた理由について、経済発展の側面から追究します。地図帳でシェンチェン市の場所を確認すると、海沿いにあることがわかります。海沿いであることをもとに、貿易など外国とのつながりを見出すことで、地理的な見方・考え方を働かせながら学び合うことができます。

キーワード①　経済特区	キーワード②　海沿い
・税金を安くすることで外国企業を進出しやすくした。	・シェンチェン市は海沿いに位置し、経済特区の関係で進出した企業の影響により人口が増えた。

❸ 【まとめ】探究的な学びへつなげるふり返り（創り出す）

探究へつなぐ発問：経済発展はよいことばかりだったのかな？

中華人民共和国（以下、中国）の経済発展の影響について学んできた本時ですが、授業のまとめでは課題にも触れます。右の資料は3カ国の世界のCO_2排出量の占める割合です。この資料を切り口に、中国では大気汚染などの課題があることについて確認しました。

世界のCO_2排出量
中国　　32.1％
アメリカ　13.6％
インド　　6.6％

「データで見る温室効果ガス排出量（世界）」（2020）より

評価のポイント

・②の場面について、経済特区との関連を見出し理解することができているか。
・③の場面について、CO_2排出量をもとに、中国における経済発展の課題を追究しようとしているか。

3 アジア州

3 キャッシュレス大国韓国！　　　　　　　　　　（1時間構成）

📌 **板書**

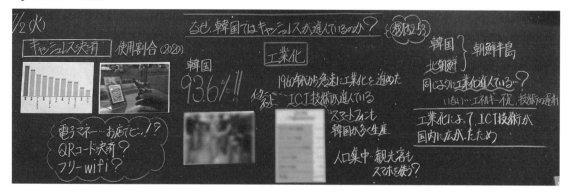

見方・考え方を働かせる授業デザイン

❶ 【導入】深い学びを生む「問い」（かかわる）

本時の問いへつなぐ発問：「？」にあてはまるのは何かな？

　導入では，右の資料のように「？使用割合」（2022）としてタイトルの一部を伏せて提示しました。「？」にあてはまるのはキャッシュレスです。順位だけでは想像しにくそうな様子が見られたので，ヒントとしてコンビニなどでのキャッシュレスの写真を提示して子どもたちに予想させることで「あ！」と気付く子も増えました。圧倒的なキャッシュレスの多さに着目して本時の問いへつなげました。

？	使用割合
1 韓国	93.6%
2 中国	83.0%
3 オーストラリア	67.7%
9 日本	29.8%

「キャッシュレス更なる普及促進に向けた方向性」（2022）より

44

本時のねらい

【思考・判断・表現】韓国でキャッシュレス化が進む理由について、工業化をもとに説明することができる。

❷ 【展開】社会的事象の意味を見出す協働（つながる）

思考をゆさぶる発問：なぜ韓国ではキャッシュレス化が進んでいるのかな？

本時の問いについて追究していく上で、「工業化」に着目します。工業生産が盛んになった背景を捉えることで、現在とつなげて考えられるようにしました。特に、スマートフォンと関連させて考えることで、韓国の工業化がぐっと身近になると考えます。

韓国の工業化

- 1960年代から急速に工業化が進む。
- 韓国はかつて、食料品や鉱産資源が輸出の中心だったが、工業化が進んだ現在では機械や船、自動車などに変わってきている。
- スマートフォンの生産割合が高い。

❸ 【まとめ】探究的な学びへとつなげるふり返り（創り出す）

探究へつなぐ発問：韓国と同じ朝鮮半島である北朝鮮も工業化が進んでいるのかな？

歴史的な背景を含めて、朝鮮半島の過去と現在についても知ることができるようにします。NHK for School などの映像を見た上で、朝鮮半島の地理の学習でも歴史を踏まえて学ぶことで、過去のつながりを考えられるようにしました。

評価のポイント

- ❷の場面について、工業化と関連づけて説明することができているか。
- ❸の場面について、朝鮮半島の歴史的背景を踏まえて、北朝鮮の経済について追究しようとしているか。

2章　見方・考え方を働かせる！中学地理授業づくりの教科書　板書＆展開プラン

3 アジア州

4 砂漠の近くの近代都市?!

（1時間構成）

板書

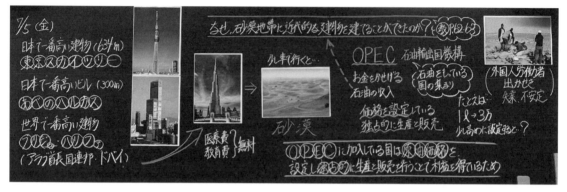

見方・考え方を働かせる授業デザイン

❶【導入】深い学びを生む「問い」（かかわる）

本時の問いへつなぐ発問：ドバイはどんな街並みなのかな？

　導入では，世界一高いビルであるブルジュ・ハリファや日本では見られないような建物のSTARBUCKS COFFEE の写真などを紹介します。写真を見せるだけでも「すごい！」「行ってみたい！」などの反応が見られると考えます。そこで「ドバイはどんな街並みなのかな？」と問うと，子どもたちは「豪華」「お金をかけている建物が多そう」のような発言をすると考えます。その上で，砂漠が広がる写真を提示し，こうした豪華な建物のすぐ近くに砂漠があることを伝えることで，子どもたちの「えっ?!」を引き出します。

 本時のねらい

【知識・技能】砂漠の近くで開発が進んだ理由を調べる活動を通して，石油資源により発展したことを理解することができる。

❷ 【展開】社会的事象の意味を見出す協働（つながる）

思考をゆさぶる発問：なぜ砂漠地帯に近代的な建物を建設できたのかな？

導入での疑問である「なぜ砂漠地帯に近代的な建物を建設できたのか？」を本時の問いとして設定しました。問いを解決するキーワードは「石油」です。「石油」がドバイをはじめとした西アジアにどのような影響を与えているのか考えます。話し合いの際には，単にOPEC（石油輸出国機構）という組織がつくったことだけに終始しないように，「なぜ石油があると西アジアは発展できるのかな？」などと問うことで，私たちの生活に欠かせない石油を生産することで大きな利益を得ていることに気付かせます。

石油と西アジアのつながり

・OPEC（石油輸出国機構）という組織をつくり，原油価格の設定をしている。
・私たちの生活に欠かせない石油を，西アジアでは生産できる。

---

❸ 【まとめ】探究的な学びへとつなげるふり返り（創り出す）

探究へつなぐ発問：この人たちはどんな人たちだろう？

石油による経済発展について確認した上で，ドバイで働く外国人労働者の写真を提示します。中心街は発展しているドバイですが，一方で不安定な労働環境で働く人々もいる事実を捉えることができるようにしました。経済発展の「貧富の差」などの影の側面に触れることで，次時以降の学習活動へとつなげていきます。

評価のポイント

・❷の場面について，石油資源と関連づけて経済発展について理解することができているか。
・❸の場面について，外国人労働者の現状をもとに，経済発展の課題の側面を追究しようとしているか。

3 アジア州

5 MADE in China が減った?!　　　（1時間構成）

板書

見方・考え方を働かせる授業デザイン

❶ 【導入】深い学びを生む「問い」（かかわる）

本時の問いへつなぐ発問：日本の衣類の輸入先の割合から，どんなことがわかるかな？

2010年と2023年の衣類の輸入先を比較します。中国の輸入が減りベトナム社会主義共和国・バングラデシュ人民共和国の輸入が増えています。グラフから本時の問いを生みます。

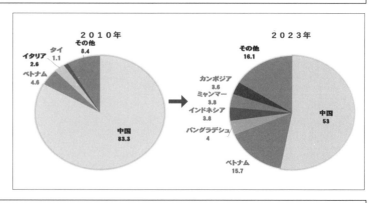

T：このグラフは，日本の衣類の輸入先の割合です。どんなことがわかるかな？
S：中国の割合が減っている。
S：ベトナムやバングラデシュが増えている。
T：なぜ中国産が減って，ベトナム産やバングラデシュ産が増えたのかな？

※板書，導入・まとめの資料は「外務省HP」，「日本繊維輸入組合HP」を参照して作成

48

本時のねらい

【思考・判断・表現】東南アジアや南アジアにおいて衣料品の生産が増えている理由について，税金や一人当たりの賃金の低さと関連づけて説明することができる。

❷ 【展開】社会的事象の意味を見出す協働（つながる）

思考をゆさぶる発問：なぜ中国産が減って，ベトナム産やバングラデシュ産が増えたのかな？

展開場面では，導入での気付きをもとに本時の問いへつなげます。問いの解決のポイントは主に2つです。税金と賃金の視点で考えることで問いの解決へつなげます。また，東南アジアや南アジアの経済発展は，この単元で学んだ中国と同じような仕組みであるため，その内容と関連づけた表現を子どもたちから引き出したいです。

ポイント①	ポイント②
・税金を軽くすることで，現地に外国の企業を招く。	・他国に比べると一人当たりの賃金が低いため，同じ金額で多くの人を雇える。

❸ 【まとめ】探究的な学びへとつなげるふり返り（創り出す）

探究へつなぐ発問：何のランキングかな？

次時の学びへつなげるために，あるランキングを提示します。「？」にあてはまるのは支援額です。本時の前半で，東南・南アジアの国が衣服などを輸出することで経済発展している事実をおさえておくことで，このランキングを見た際に，子どもたちに疑問が生まれます。こうした子どもたちの疑問をもとに，「なぜ日本は経済成長している国に支援するの？」という問いを生み，次時への学びへとつなげます。

```
日本　？　ランキング
1. インド        1040億円
2. ベトナム       897億円
3. バングラデシュ  824億円
4. ミャンマー     718億円
5. イラク         457億円
（2012年～2020年の年平均）
```

評価のポイント

- ②の場面について，税金や一人当たりの賃金の低さと関連づけて説明することができているか。
- ③の場面について，本時の学びをもとに新たな問いを生み出し，追究しようとしているか。

3 アジア州

6 日本が支援している理由とは？　（1時間構成）

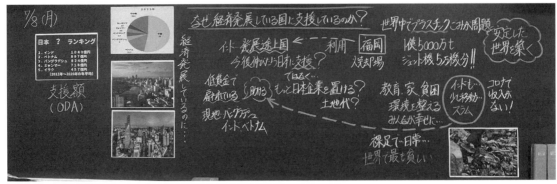

見方・考え方を働かせる授業デザイン

❶ 【導入】深い学びを生む「問い」（かかわる）

本時の問いへつなぐ発問：なぜ日本は経済成長している国に支援するの？

　導入では，改めて資料をもとに前時に子どもたちとつくった問いを確認します。この段階で問いに対する予想を共有することで，子どもたちの考えを深めるきっかけにします。

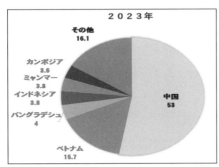
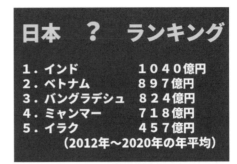

※板書，導入の資料は「外務省HP」，「日本繊維輸入組合HP」を参照して作成

本時のねらい

【思考・判断・表現】発展途上国の現状や国際支援をする方の話を通して，日本がベトナムやバングラデシュなどの国々に支援する理由について説明することができる。

❷【展開】社会的事象の意味を見出す協働（つながる）

思考をゆさぶる発問：日本が支援する一番の理由は何かな？

展開場面では，子どもたちの予想を確かめていくために，3つの資料を用意しました。資料として提示したのは，日本の国際貢献に関わる資料が2つと国際支援に関わる方のインタビュー資料が1つです。1つではなく，複数の資料を提示することで，子どもたちが感じた「日本が支援する一番の理由」を，その子なりの言葉で話し合えるようにしました。

❸【まとめ】探究的な学びへとつなげるふり返り（創り出す）

探究へつなぐ発問：アジア州にふさわしいキーワードは何ですか？

単元の終わりには，アジア州を通して，特に印象に残ったキーワードを5つ選び，Canvaでアジア州のポスターを作成しました。生成AIを活用して画像も添付することで，言葉と絵で学びを表現する姿を期待しました。

評価のポイント

・❷の問いについて，発展途上国の現状や国際協力の視点をもとに説明することができているか。
・❸の問いについて，アジア州で学んだことをもとに，自分で選んだキーワードを選択し，ポスターなどで単元の学びを追究しようとしているか。

4 ヨーロッパ州

1 ヨーロッパ州ってどんなところ？ （1時間構成）

📷 板書

見方・考え方を働かせる授業デザイン

❶【導入】深い学びを生む「問い」（かかわる）

本時の問いへつなぐ発問：ハイジの背景には，どんな風景がふさわしいかな？

　ヨーロッパ州の1時間目の学習では，子どもたちのヨーロッパのイメージを引き出すところから始めます。実際の授業では，板書にもあるように「NATO」「きれい」「アジア州」などの言葉が出されました。

　その後，ヨーロッパ州について特徴を捉える第一歩として，絵を描く活動を取り入れました。一見関係のないように思える活動ですが，絵を描くという活動は特徴を捉えたり，表現したりする方法として適しています。ハイジの背景を描く活動では，山や川などの自然に着目して表現できるかが大切です。こうした活動をもとに，本時の問いへつなげていきます。

 **本時のねらい**

【知識・技能】ヨーロッパ州の地域の様子を調べる活動を通して，ヨーロッパ州の特徴を理解することができる。

❷ 【展開】社会的事象の意味を見出す協働（つながる）

> 思考をゆさぶる発問：ヨーロッパ州にはどのような特色があるのかな？

展開場面では，ヨーロッパ州の特色について，個別に調べる時間をとりました。地理的な見方・考え方を働かせるために，調べたことを拡大した地図に関連づけていきます。特に，海流や気候は名前を調べるだけだと，暗記の作業になってしまいかねないので，海流・気候・地形のそれぞれを関連づけられるようにすることで，意味を見出せるようにしました。

❸ 【まとめ】探究的な学びへとつなげるふり返り（創り出す）

> 探究へつなぐ発問：ヨーロッパ州には，どのようなキャッチコピーがふさわしいかな？

本時は単元の1時間目なので，次時以降の学びにつなげられるような活動を位置づけました。実際の授業では，「自然が豊富な州，ヨーロッパ」など，この段階では自然環境に着目してキャッチコピーをつける子が多かったです。学びの変容を捉えるきっかけにしていきましょう。

評価のポイント

・❷の場面について，学習事項と地形などを関連づけて理解することができているか。
・❸の場面について，キャッチコピーを通して単元の学習を追究しようとしているか。

4 ヨーロッパ州

2 離脱をして嬉しいの？　　　　　　　　　　　　　　　　（1時間構成）

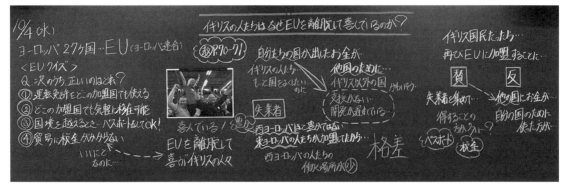

見方・考え方を働かせる授業デザイン

❶ 【導入】深い学びを生む「問い」（かかわる）

本時の問いへつなぐ発問：よい制度がたくさんあるのに，なぜEU離脱を喜んでいるの？

　本時はEUクイズから始めます。クイズの①〜④全て正しいものになっています。運転や海外旅行の経験はないものの，多くの子どもたちにとってよい制度であると認識できるかと思います。

　そこで一枚の写真を提示します。EUを離脱して喜ぶイギリス国民の写真です。よい制度があるのに，一方で離脱を喜ぶイギリスの人たちの反応があるという状況をもとにずれを生み，本時の問いへつなげました。

【EUクイズ】
Q. 次のうち、正しいのはどれ？
①運転免許をどこの加盟国でも使える
②どこの加盟国でも気軽に移住可能
③国境を越える時、パスポートがなくてもOK
④貿易に税金がかからない

本時のねらい

【知識・技能】イギリスの人たちがＥＵ離脱を喜ぶ理由を話し合うことを通して，ＥＵの課題を理解することができる。

❷　【展開】社会的事象の意味を見出す協働（つながる）

思考をゆさぶる発問：ＥＵに加盟していると，イギリスの人はどんなことで困るのかな？

　イギリスの人たちがＥＵ離脱を喜ぶ理由について，ＥＵの課題の側面から追究します。西ヨーロッパと東ヨーロッパでは，経済的な地域格差があることが課題となっています。西ヨーロッパよりも所得水準の低い東ヨーロッパの国々から，西ヨーロッパへでかせぎにいく人も多く，社会保障費の負担をどうするのかという問題があります。子どもたちにとってイメージしにくい問題のため，状況によって映像資料を活用することで，考えるきっかけを与えることができると考えます。

ＥＵの課題
・東ヨーロッパから所得水準の高い西ヨーロッパへでかせぎが増えている。 ・移民に対する社会保障費や西ヨーロッパの人々の働く場所が失われるかもしれないという問題がある。

❸　【まとめ】探究的な学びへとつなげるふり返り（創り出す）

探究へつなぐ発問：あなたがイギリス国民ならＥＵ再加盟に賛成？反対？

　本時の学びを踏まえて，改めてイギリスのＥＵ加盟について考えます。あくまで学びをふり返るための学習活動のため，賛成・反対どちらが多いということにとどまらず，本時で学んだことをもとに一人ひとりがどのように感じたのかを共有します。

評価のポイント

・②の場面について，東ヨーロッパと西ヨーロッパの経済格差をもとに理解することができているか。
・③の場面について，本時での学びをもとに，テーマについて自分の考えを表現しようとしているか。

4　ヨーロッパ州

3　「霧」に隠された意味って？

（1時間構成）

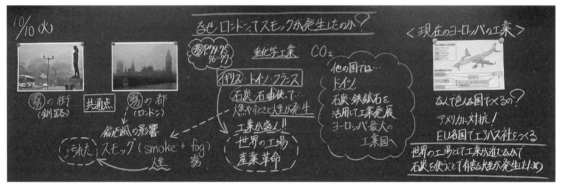

見方・考え方を働かせる授業デザイン

❶　【導入】深い学びを生む「問い」（かかわる）

本時の問いへつなぐ発問：霧に隠された他の意味って何だろう？

　導入では，「霧の街」と呼ばれる釧路市の写真と「霧の都」と呼ばれるロンドンの写真を提示します。共通点は霧ですが，釧路の霧とロンドンの霧では意味が異なることを伝えた上で，「霧に隠された他の意味って何だろう？」と問いかけます。子どもたちとのやりとりを以下に示します。

T：（釧路市とロンドンの写真を提示）共通点は何だろう？
S：どちらも霧！
T：そうですね。でも，実はロンドンの霧には別の意味も含まれています。霧に隠された他の意味って何だろう？
S：霧が別の意味になるってことかな？
S：公害のような感じかな？
T：ロンドンでは，偏西風により霧も発生しますが，実はスモッグと呼ばれる大気汚染が霧のように見えるという意味もあったそうです。

【知識・技能】ロンドンでスモッグが発生した理由について,工業生産と関連づけて理解することができる。

❷ 【展開】社会的事象の意味を見出す協働(つながる)

思考をゆさぶる発問:なぜロンドンでスモッグが発生したのかな？

本時の問いについて追究していく上で,「工業生産」に着目します。産業革命などの社会的事象をもとに大気汚染について考えることで,スモッグが発生した背景を捉えていきます。

工業生産とスモッグのつながり

・スモッグの被害は産業革命の後から,徐々に起こった。
・石炭を燃やした後の煙やすすが霧に混じってスモッグが発生した。

❸ 【まとめ】探究的な学びへとつなげるふり返り(創り出す)

探究へつなぐ発問:ヨーロッパ州ではイギリスだけが環境保護に対する意識が高いのかな？

スモッグが発生した背景を踏まえた上で,現在のイギリスは「スモッグ」は徐々に改善され,健康被害はなくなったことを共有します。その上で,ヨーロッパ州の他の国々に焦点を当てるようにします。「ヨーロッパ州ではイギリスだけが環境保護に対する意識が高いのかな？」と問いかけることにより,ヨーロッパ州の国々が過去にどのような環境との関わりがあったのか,現在はどのように環境と関わっているのかなどについて,考えるきっかけを与えることで次時の学びへとつなげられるようにしました。

評価のポイント

・❷の場面について,工業生産と関連づけて理解することができているか。
・❸の場面について,ヨーロッパ州の国々の環境保護に対する意識について,追究しようとしているか。

4　ヨーロッパ州

4　エコ大国ヨーロッパ州！　　（1時間構成）

板書

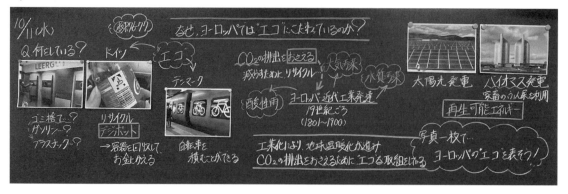

見方・考え方を働かせる授業デザイン

❶【導入】深い学びを生む「問い」（かかわる）

本時の問いへつなぐ発問：2枚の写真はそれぞれ何を表しているのかな？

導入では，2枚の写真を提示するところから始めます。2枚とも，環境保護に関する写真です。ロイロノートを通じて，子どもたちに黒板と同じ2枚の写真を配付し，それぞれがどのようなことを表す写真なのかについてじっくり考えることができるようにします。

写真①　デポジット（ドイツ）	写真②　自転車を乗せる電車（デンマーク）
・ペットボトルなどを特定の場所でリサイクルすることで，お金に換えることができる。	・自転車に乗って移動することを促進するために，自転車用の車両がある。

本時のねらい

【思考・判断・表現】ヨーロッパ州で環境保護の取り組みの活動が進む理由について，これまでにヨーロッパ州で起きた自然環境の被害をもとに説明することができる。

❷【展開】社会的事象の意味を見出す協働（つながる）

思考をゆさぶる発問：なぜヨーロッパ州の国々はエコにこだわっているのかな？

展開場面では，前時に学んだイギリス以外のヨーロッパ州の国々も環境保護に対する意識が高いことに着目して，本時の問いである「なぜヨーロッパ州の国々はエコにこだわっているのか？」という問いへつなげます。ここでは，過去のヨーロッパ州での環境問題などの例を取り上げることで，問いを解決できるようにします。

❸【まとめ】探究的な学びへつなげるふり返り（創り出す）

探究へつなぐ発問：ヨーロッパ州では環境保護としてどんな取り組みが行われているのかな？

単元のまとめの活動として，ヨーロッパ州の環境保全の取り組みを調べる活動を位置づけます。ここでは，SDGsとの関連を見出しながら調べる活動を位置づけます。同じ環境保護の取り組みでも，企業との関わりが強いものなのか，国民の生活に密着しているものなのかを明らかにすることで，共通点や相違点を見出せるようにしていきます。

評価のポイント

・❷の場面について，ヨーロッパ州で起きた自然環境の被害をもとに説明することができているか。
・❸の場面について，SDGsと関連づけながらヨーロッパ州での環境保護対策について追究しようとしているか。

5 アフリカ州

1 アフリカ州ってどんなところ？ （1時間構成）

板書

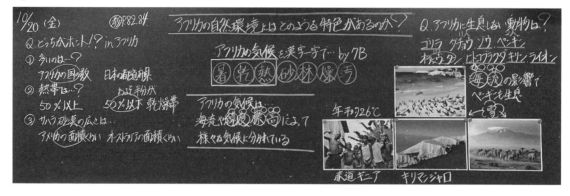

見方・考え方を働かせる授業デザイン

❶【導入】深い学びを生む「問い」（かかわる）

本時の問いへつなぐ発問：どっちが本当かな？

本時では，簡単な2択クイズから始めます。2択のクイズを通して，アフリカ州の概要を捉えることができるようにしました。正解は，それぞれ「アフリカの国の数」「50％以下」「およそアメリカの面積」です。特に，サハラ砂漠の広さからわかるように，アフリカ州の自然の広大さに気付かされるかと思います。こうした気付きをもとに展開へつなげていきます。

どっちがホント！？

①多いのは？
　アフリカの国の数　・　日本の都道府県

②熱帯の割合は？
　５０％以上　・　５０％以下

③サハラ砂漠の広さは？
　およそアメリカの面積　・　およそオーストラリアの面積

本時のねらい

【知識・技能】アフリカ州で多様な気候が見られる理由について，標高や緯度をもとに理解することができる。

❷ 【展開】社会的事象の意味を見出す協働（つながる）

思考をゆさぶる発問：アフリカ州の気候を漢字一字で表すと，どんな漢字がふさわしい？

展開場面では，アフリカ州の気候を漢字一字で表す活動を取り入れます。導入でのクイズを通して，「50％以上が乾燥帯」であることを把握しているため，暑や乾の漢字を用いる生徒が多いと考えます。

❸ 【まとめ】探究的な学びへとつなげるふり返り（創り出す）

探究へつなぐ発問：アフリカ州に生息しない動物はどれかな？

地図帳をもとに調べると，ペンギンもアフリカ州にいることがわかります。アフリカ州は縦に長く，緯度の差も大きいため，多様な気候が見られることを捉えられるようにします。

ゴリラ　ダチョウ　ゾウ　ペンギン
オランウータン　ヒトコブラクダ
キリン　ライオン

評価のポイント

・❷❸の場面について，アフリカ州でどんな動物が生息しているのか話し合うことを通して，アフリカ州の気候について理解することができているか。

5　アフリカ州

2　ダイヤモンドに隠された真実　　　（1時間構成）

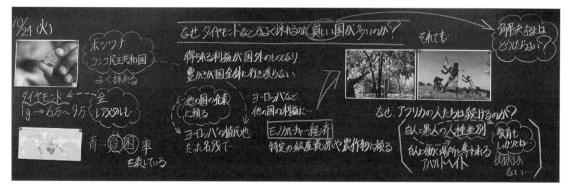

見方・考え方を働かせる授業デザイン

❶【導入】深い学びを生む「問い」（かかわる）

本時の問いへつなぐ発問：「1.9ドルで7億3600万人」…何のこと？

　導入では，ダイヤモンドを提示し，ボツワナ共和国でよくとれることを確認します。その上で，右の資料を提示し，何を表すのか問いかけます。予想させた上で，アフリカ州には1日に1.9ドル以下で暮らしている人が7億3600万人いると伝えます。1日に300円以下で生活している人がこんなにもたくさんいるということです。高価なダイヤモンドがとれるのに，なぜ貧しい国がアフリカ州に多いのかという疑問を生みます。

1.9ドルで7億3600万人

「ケニアの貧困の現状」(2019) より

本時のねらい

【思考・判断・表現】アフリカ州で貧困の国が多い理由について，歴史的背景やモノカルチャー経済をもとに説明することができる。

❷【展開】社会的事象の意味を見出す協働（つながる）

思考をゆさぶる発問：ダイヤモンドなどがよくとれるのに，なぜアフリカ州には貧しい国が多いのかな？

導入での認識のずれをもとに，「ダイヤモンドなどがよくとれるのに，なぜアフリカ州には貧しい国が多いのか？」という問いへつなげます。「植民地」「モノカルチャー経済」をキーワードとしながら，この問いを解決していきます。

キーワード①　植民地	キーワード②　モノカルチャー経済
・資源の多くが植民地時代にヨーロッパ諸国によって開発された。 ・独立後も採掘を外国企業に頼り，利益の多くが国外の企業のものとなっている。	・特定の鉱産資源やプランテーション作物の生産・輸出に頼っている。 ・資源がとれないと輸出量が減り，大きな打撃を受ける。

❸【まとめ】探究的な学びへとつなげるふり返り（創り出す）

探究へつなぐ発問：こうした現状について，あなたならどうしたらよいと思いますか？

展開場面を通して，子どもたちはアフリカ州の人たちは経済的に大変な思いをしていることに気付きます。そこで，「こうした現状について，あなたならどうしたらよいと思いますか？」と投げかけると，「価格を上げる」「自分たちで生産から輸出まで行う」などの方法が挙がると考えます。しかし，それでも多くの国で大変な思いをしながら，生産を続けていることに目を向けさせ，次時の学びへとつなげていきます。

評価のポイント

・②の場面について，植民地の歴史やモノカルチャー経済と関連づけて説明することができているか。
・③の場面について，アフリカ州の現状を踏まえて，その解決策を考えようとしているか。

5 アフリカ州

3 よりよい支援って？　　　　　　　　　　　（1時間構成）

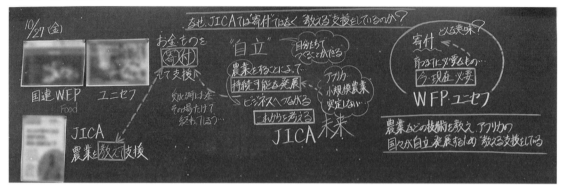

見方・考え方を働かせる授業デザイン

❶【導入】深い学びを生む「問い」（かかわる）

本時の問いへつなぐ発問：どんな支援の違いがあるかな？

　導入では，WFP国連世界食糧計画（国連WFP）や国際連合児童基金（ユニセフ）と独立行政法人国際協力機構（JICA）の支援を比較します。どのような支援

「支援」の違い	
【ユニセフ・国連WFP】 お金やものなどの支援	【JICA】 教育など現地の人に伝える支援

の違いがあるのか，1人1台端末を使いながら違いを探る時間を確保します。なかなか違いを見出せない場合には，着目するポイントをヒントとして提示しながら，考えるきっかけを与えてもよいと考えます。大きな違いはお金や物などによる支援を行っているか，教育などのように現地の人に教える活動を行っているか，という点です。お金や物は，すぐに現地の人が使えるにもかかわらず，なぜJICAでは教える活動を行っているのかという部分に着目できるようにします。

本時のねらい

【思考・判断・表現】支援のあり方の違いについて、それぞれの取り組みの目的を踏まえて説明することができる。

❷【展開】社会的事象の意味を見出す協働（つながる）

思考をゆさぶる発問：なぜJICAでは寄付ではなく、教える支援をしているのかな？

展開場面では、JICAのHPの資料などをもとにしながら、どうして「教える支援」をしているのかについて考えていきます。生徒の実態に応じて、HPの資料に加えて、教師が事前にJICAの方にインタビューをした内容を資料として配付したり、映像資料として提示したりするとより具体的なイメージをもつことができると考えます。

> 最初は寄付してもらった方が楽だし寄付の方が嬉しいと思ったけど、目的を調べて、農業を教えて貰えば自分でお金が稼げて、良いと思った。農業を教えてもらっている期間は大変だけど、自分でお金が稼げるようになればだいぶ生活が楽になると思った。

展開場面を通した生徒の記述

❸【まとめ】探究的な学びへとつなげるふり返り（創り出す）

探究へつなぐ発問：どの支援団体も教える支援をすればよいのではないかな？

本時では、JICAのような教える支援について着目しましたが、ユニセフなどが行っているお金や物の支援も同じように必要です。そのため、実際の授業でも、JICAの取り組みだけがよいという単一的な思考にならないよう、「どの支援団体も教える支援をすればよいのではないかな？」と子どもたちに投げかけました。子どもたちの発言として、「JICAは未来に向けた支援で、ユニセフや国連WFPは今必要な支援なのだと思う」など、どちらのよさにも気付く子どもたちの姿が見られました。

評価のポイント

・❷❸の場面について、支援のあり方の違いは、その目的によって異なるということを説明することができているか。

6　北アメリカ州

1　アメリカ合衆国は農業もスケールが大きい！（1時間構成）

板書

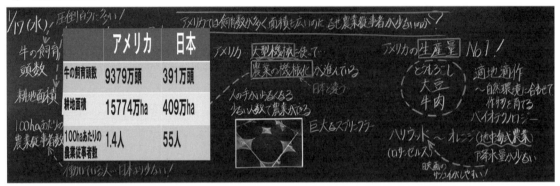

見方・考え方を働かせる授業デザイン

❶【導入】深い学びを生む「問い」（かかわる）

本時の問いへつなぐ発問：「あれ？」と思ったところはどこだろう？

	アメリカ	日本
牛の飼育頭数	9379万頭	391万頭
耕地面積	15774万ha	409万ha
100haあたりの農業従事者数	1.4人	55人

総務省統計局「世界の統計2024」より

　導入では，右の表の数値を段階的に提示していきます。段階的に示していくことにより，牛の飼育頭数と耕地面積からアメリカ合衆国の農業が大規模であることを強調します。そこで，子どもたちに100ha当たりの農業従事者数を提示すると，そのギャップに驚く子も多いと考えます。牛の飼育頭数と耕地面積に対して，農業従事者数が少ないという事実を通して，本時の問いへつなげられるようにします。

本時のねらい

【知識・技能】アメリカ合衆国の農業の特徴について，農業の機械化や適地適作と関連づけて理解することができる。

❷ 【展開】社会的事象の意味を見出す協働（つながる）

思考をゆさぶる発問：飼育頭数が多く耕地面積も広いのに，なぜ農業従事者が少ないのかな？

本時の問いを解決する上で，「機械化」「適地適作」を手がかりにしていきます。農業を「機械化」することで，大型機械を使い効率のよい農業が行われています。そのため，農家一人当たりの耕作地の面積は日本のおよそ100倍であり，人件費が抑えられる分，価格も安くすることができます。また，土地の自然条件に適した作物を大規模に栽培することで，面積も広いため地形や気候の特徴を生かしながら，農業を行うことができます。

農業の機械化	適地適作
・農家一人当たりの耕作地の面積は広いが，機械を取り入れることで，人件費を抑えられる。	・気候や土壌など各地の自然環境に合わせて農作物や家畜が育てられている。

❸ 【まとめ】探究的な学びへとつなげるふり返り（創り出す）

探究へつなぐ発問：日本とアメリカ合衆国の農作物にはどんなつながりがあるかな？

アメリカ合衆国の農作物の収穫量や値段の動きは，農作物を輸入している国々に大きな影響を与えています。調べる時間を確保することで，牛肉やファストフード店のフライドポテトなど私たちの生活とのつながりを見出せるようにしていきます。

評価のポイント

・❷の場面について，農業の機械化や適地適作をもとに理解することができているか。
・❸の場面について，アメリカ合衆国の農作物と日本の食生活のつながりを追究しようとしているか。

6　北アメリカ州

2　すごいぞ！アメリカ合衆国の自動車社会！　（1時間構成）

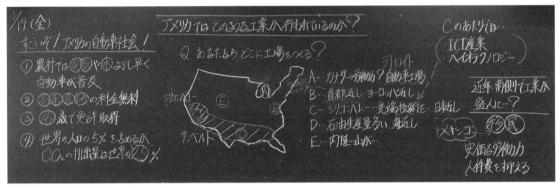

見方・考え方を働かせる授業デザイン

❶【導入】深い学びを生む「問い」（かかわる）

本時の問いへつなぐ発問：クイズからどんなことがわかるかな？

導入では，アメリカ合衆国の自動車社会について穴埋め式でクイズを出します。答えは①から順に「電気」「水」「高速道路」「16」「13」となります。

こうしたクイズをもとにアメリカ合衆国では工業，とりわけ自動車の生産や消費が以前から多かったことについて共有します。

> **すごいぞ！アメリカの自動車社会！**
>
> ①農村では○○や○よりも早く自動車が普及
> ②○○○○○の料金無料
> ③○歳で免許取得
> ④世界の人口の5％を占めるアメリカだが、CO_2の排出量は世界の約○％

※板書は2019年時点の「世界の統計」を参照して作成

本時のねらい

【知識・技能】アメリカ合衆国の地形や地域の特徴をもとに、工業地域の特色について理解することができる。

❷【展開】社会的事象の意味を見出す協働（つながる）

思考をゆさぶる発問：アメリカ合衆国で自動車会社を作るなら、どこに作ればよいかな？

展開場面では、架空の自動車会社をもとに、アメリカ合衆国の工業地域の特色をつかむことをねらいとしました。活動の内容は、右のワークシートを活用し、アメリカ合衆国の5カ所から1カ所を選び、その理由を表現するというものです。この活動を通して、デトロイトやシリコンバレー、石油がとれる地域などの特徴について把握することを目指しました。

❸【まとめ】探究的な学びへとつなげるふり返り（創り出す）

探究へつなぐ発問：近年、南側で自動車工業が盛んになっているのはどうしてかな？

本時では、デトロイトについても学習しましたが、近年のアメリカ合衆国では工業が盛んな場所が南下している事実を伝えます。メキシコでは、安価で豊富な労働力を確保できることと関わらせながら、南側で自動車工業が盛んになっている理由を説明できるようにします。

評価のポイント

・❷の場面について、地形や地域の特徴をもとにアメリカ合衆国の産業の特色を理解することができているか。
・❸の場面について、メキシコでの安価で豊富な労働力と関わらせて追究しようとしているか。

6 北アメリカ州

3 タイガー・ウッズの優勝が伝えたこと　（1時間構成）

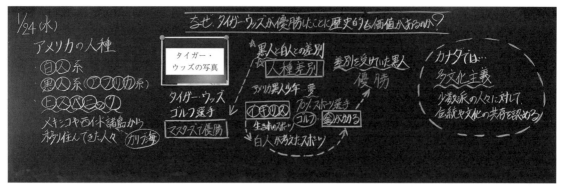

見方・考え方を働かせる授業デザイン

❶【導入】深い学びを生む「問い」（かかわる）

本時の問いへつなぐ発問：アメリカ合衆国にはどんな人種の人たちがいるのかな？

　本時の導入では，アメリカ合衆国の人種について確認するところから始めます。穴埋め形式にすることで，教科書からも探しやすくなるため多くの子が参加できるきっかけになると考えます。その上で，ひとつの映像を視聴します。タイガー・ウッズがマスターズで優勝したときの映像です。映像だけを見ると，単に優勝した一場面かもしれないですが，歴史的瞬間であることを確認します。そこで，なぜタイガー・ウッズがマスターズで優勝したことが価値のあることなのかについて，本時で追究できるようにしました。

🔆 本時のねらい

【思考・判断・表現】タイガー・ウッズの活躍について話し合うことを通して，アメリカ合衆国における人種による社会的な課題について説明することができる。

❷ 【展開】社会的事象の意味を見出す協働（つながる）

> 思考をゆさぶる発問：なぜタイガー・ウッズが優勝したことに歴史的な価値があるのかな？

　本時の問いを解決する上で，歴史的背景に着目して考えられるようにします。メジャー競技で優勝したアフリカ系アメリカ人（黒人）選手はタイガー・ウッズが最初です。幼少期にも黒人であるがゆえにタイガー・ウッズは多くの差別を受けてきたと言われています。ゴルフはイギリスで生まれた競技であり，タイガー・ウッズが優勝したことはたくさんの黒人の人たちの思いをのせたものであることがわかります。

タイガー・ウッズがマスターズで優勝したことの価値

・イギリス生まれのスポーツであるゴルフで優勝した。
・アメリカ合衆国では，長い間白人が政治の実権をにぎっており，アフリカ系アメリカ人としてチャンピオンが誕生したという事実が，社会に大きな影響を与えた。

❸ 【まとめ】探究的な学びへとつなげるふり返り（創り出す）

> 探究へつなぐ発問：人種差別をなくすにはどうしたらよいかな？

　タイガー・ウッズの優勝は，アフリカ系アメリカ人として希望の象徴となりました。その事実を踏まえて，「アメリカ社会では，人種差別は完全になくなったのかな？」と問いかけ，教科書などから差別が完全になくなったわけではないという事実を確認します。アメリカ社会の人種差別について考えることで，日本のアイヌや部落差別の問題を考える橋渡しにしていけると考えます。

📋 評価のポイント

・❷の場面について，歴史的背景と関連づけて説明することができているか。
・❸の場面について，今も残る人種差別について知り，解決策を追究しようとしているか。

2章　見方・考え方を働かせる！中学地理授業づくりの教科書　板書＆展開プラン　71

6 北アメリカ州

4 北アメリカ州の特色って？！ （1時間構成）

子どもが作成した単元のまとめ

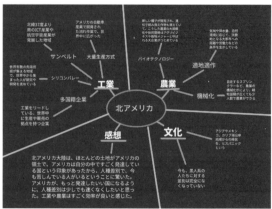

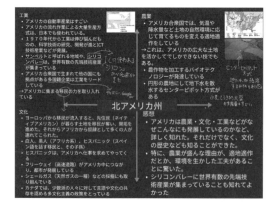

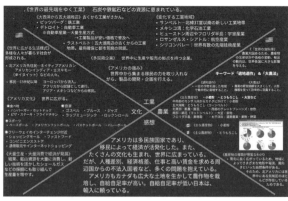

本時のねらい

【思考・判断・表現】北アメリカ州の特色について，農業・工業・文化を視点として学びを整理することができる。

❶ 【展開】社会的事象の意味を見出す協働（つながる）

思考をゆさぶる発問：北アメリカ州は世界にどのような影響を与えているのかな？

本時は，前時までに学んだことを一人ひとりが学びを整理していく時間として位置づけました。北アメリカ州について学んできたこととして，「農業」「工業」「文化」の３つの視点があります。そこで，子どもたちには，これらの視点のうち１〜３つを選び，自分なりに学びを整理できるように働きかけました。

単元末での学び方，整理の仕方については，方法のみを提示して，どれを選ぶかは子どもに委ねています。特に，整理の仕方については，ロイロノートであればシンキングツールは複数ありますし，小学校までの学びの中で整理しやすい方法を身に付けている子もいます。そのため，子どもたちが自分に合った方法で整理することができるようにしました。

❷ 【まとめ】探究的な学びへとつなげるふり返り（創り出す）

探究へつなぐ発問：みんながまとめた特色には，どんな共通点・相違点があるかな？

授業のまとめでは，それぞれがまとめた内容について共有する場面を位置づけます。それぞれが着目した内容について共通点や相違点を見出していくことで，北アメリカ州の特色を強調したり，それぞれの学びを価値づけたりしていきます。

評価のポイント

・①②の場面について，単元での学びをもとに北アメリカ州の特色を整理することができているか。

7 南アメリカ州

1 全ての気候帯をコンプリート?!
(1時間構成)

板書

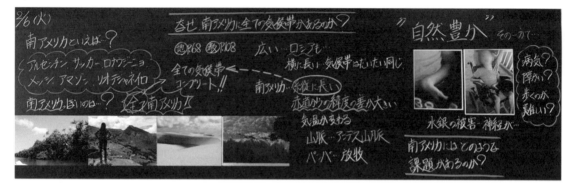

見方・考え方を働かせる授業デザイン

❶ 【導入】深い学びを生む「問い」(かかわる)

本時の問いへつなぐ発問：南アメリカ州らしい写真はどの写真かな？

　子どもたちに4枚の写真を提示します。南アメリカ州らしい写真として、アマゾンの写真を選ぶ子が多く、逆に氷の塊が写るパタゴニアの写真は最も南アメリカ州らしくない写真として選ばれていました。結論としては全て南アメリカ州の写真です。この写真を踏まえて、全ての気候帯が見られることを伝え、認識のずれを生かして問いへつなげます。

本時のねらい

【知識・技能】南アメリカ州には全ての気候帯があるという事実と地形を関連づけて理解することができる。

❷ 【展開】社会的事象の意味を見出す協働（つながる）

思考をゆさぶる発問：なぜ南アメリカ州に全ての気候帯があるのかな？

展開場面では，導入での子どもたちの疑問をもとに本時の問いである「なぜ南アメリカ州に全ての気候帯があるのか？」を生み出します。子どもたちが解決していく際に着目するポイントは，緯度の差と山脈です。南アメリカ州は縦に長いということや，山脈があることが多様な気候帯を生み出しています。

ポイントに気付くことができない子がいる場合には，すでに気付いた子に「緯度」などの言葉を共有してもらうことで，考えるきっかけを与えます。また，アフリカ州の学習を想起している場合にも，「アフリカと同じように……」など，説明の言い始めの言葉を共有し，動き出すきっかけをつくるとよいと考えます。

❸ 【まとめ】探究的な学びへとつなげるふり返り（創り出す）

探究へつなぐ発問：多様な気候帯が見られる南アメリカ州では，どんな課題があるのかな？

子どもたちは，全ての気候帯があるということもあり，展開場面を終えた時点では自然の多様さが印象に残っている子が多いと考えます。そこで，アマゾン周辺で水銀の被害を受ける人々の報道番組の映像を見せることで，南アメリカ州の課題の側面を追究できるようにします。

評価のポイント

・❷の場面について，南アメリカ州の地形と関連づけて理解することができているか。
・❸の場面について，アマゾンで起こる問題をもとに，単元の学習を追究しようとしているか。

7　南アメリカ州
2　ブラジルなの？日本なの？　　　　　　　　　　　（1時間構成）

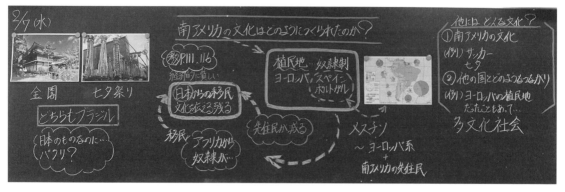

見方・考え方を働かせる授業デザイン

❶【導入】深い学びを生む「問い」（かかわる）

本時の問いへつなぐ発問：2枚の写真はどの国の写真だろう？

　本時は2枚の写真を提示するところから始めます。「2枚の写真はどの国の写真だろう？」と問いかけた上で，1つは「ブラジル金閣寺」，もう1つは「ブラジル七夕祭り」を提示します。子どもたちとのやりとりを以下に示します。

T：（写真を提示）2枚の写真はどの国の写真だろう？
S：金閣と七夕？
S：金閣は京都，七夕は仙台かな？
T：どの国かというと……（Google Earth で場所を提示）どちらもブラジルです。
S：日本のものなのに……ニセモノかな？
S：ブラジルなのに金閣？
T：気になることは何かな？
S：何でブラジルに日本のものがあるのか……？

【知識・技能】日本からの移民の歴史的背景をもとに，ブラジルと日本のつながりについて理解することができる。

❷ 【展開】社会的事象の意味を見出す協働（つながる）

思考をゆさぶる発問：どうして日本の文化やものがブラジルにもあるのかな？

導入での疑問をもとに「どうして日本の文化やものがブラジルにもあるのか？」を考えます。以下のような視点で子どもたちの意見を取り上げたり，指名計画を立てたりしながら話し合いを進めることで，ねらいの達成に迫ります。

日本とブラジルのつながり

・南アメリカ州には，アフリカ州から奴隷としてアフリカ系の人が連れてこられ，その後アジア州などからは移民が続き，多様な社会が形成された。
・日本人移民により「日系人」社会が築かれ，ブラジルに根づいた。
・サンパウロには日本人街もある。

❸ 【まとめ】探究的な学びへとつなげるふり返り（創り出す）

探究へつなぐ発問：南アメリカ州には，どんな「多文化」があるかな？

南アメリカ州の特徴のひとつとして，「多文化社会」が挙げられます。多文化社会とは，さまざまな文化が混ざり合うというものです。ブラジルと日本のつながりを

【南アメリカにはどんな「多文化」が見られる？】
サッカー：イギリスからの移民が南アメリカに伝える
カーニバル：ポルトガルからの移民によって伝えられる
ペルー料理：スペイン人や日本人の食文化が取り入れられて出来上がった

学んだ上で，南アメリカ州全体においてどのような多文化が存在しているのか探っていきます。

評価のポイント

・❷の場面について，南アメリカ州の歴史的背景をもとに理解することができているか。
・❸の場面について，南アメリカ州における多文化を追究しようとしているか。

7 南アメリカ州

3 「恥の壁」って？　　　　　　　　　　　　　　　　　　　（1時間構成）

板書

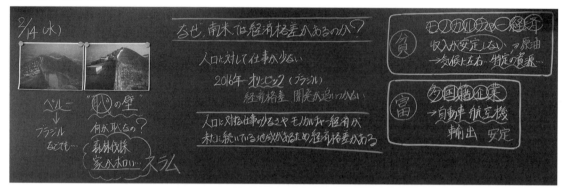

見方・考え方を働かせる授業デザイン

❶ 【導入】深い学びを生む「問い」（かかわる）

本時の問いへつなぐ発問：何が「恥」なのかな？

授業の始めに一枚の写真を提示します。提示するのは，ペルーで1980年代に建設が始まった「恥の壁」と呼ばれる長さ10kmにも及ぶ壁です。この写真を提示し，本時の問いへとつなげました。子どもたちとのやりとりを以下に示します。

T：（「恥の壁」の写真を提示）何の写真かな？
S：（わからない）
T：（別角度からズームの写真を提示）ズームしたのがこの写真です。
S：2つに分けている？
T：ペルーにある「恥の壁」という長さが10kmもある壁です。何が恥なのかな？
S：写真の中にボロボロな家も見える。
S：壁があることが恥ってこと？
T：この壁は富裕層と貧困層を隔てるものです。

本時のねらい

【知識・技能】ペルーにある「恥の壁」の意味について話し合うことを通して，南アメリカ州における貧富の差を理解することができる。

❷ 【展開】社会的事象の意味を見出す協働（つながる）

思考をゆさぶる発問：なぜ南アメリカ州では経済格差があるのかな？

導入において，「恥の壁」が富裕層と貧困層を隔てるものだと確認した上で，実際の授業では「気になることは何かな？」と問いかけました。「どうしてそんなに貧富の差があるのか」について気になる子が多かったため，本時の問いにつなげました。以下のポイントをもとに，解決できるようにします。

ポイント①　貧困層	ポイント②　富裕層
・モノカルチャー経済から脱却できていない。 ・南アメリカ州の大都市は急激な人口増加に対し，整備が追いつかない。	・ブラジルをはじめ，多国籍企業の影響もあり経済成長を遂げている。

❸ 【まとめ】探究的な学びへとつなげるふり返り（創り出す）

探究へつなぐ発問：経済格差があるのは，南アメリカ州だけなのかな？

南アメリカ州の貧富の差について学んだ上で，世界に目を向けていきます。富裕層と貧困層を隔てる壁はペルーの「恥の壁」だけではありません。インドのムンバイやメキシコのメキシコシティ，アメリカ合衆国のサンフランシスコ，ケニアのナイロビなど，多くの都市で同じような格差の実態があります。こうした事実から経済格差について考える入り口につなげていきます。

評価のポイント

・②の場面について，モノカルチャー経済や多国籍企業をもとに理解することができているか。
・③の場面について，「恥の壁」と同じような事例をもとに経済格差について追究しようとしているか。

7　南アメリカ州

4　環境保護というけれど…　　　　　　　　　　（1時間構成）

板書

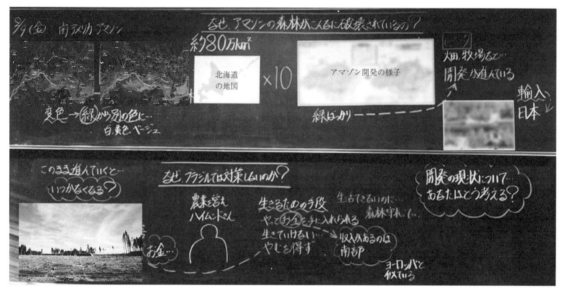

見方・考え方を働かせる授業デザイン

❶ 【導入】深い学びを生む「問い」（かかわる）

本時の問いへつなぐ発問：（2つのアマゾン川の写真を提示）どんなことがわかるかな？

　導入では，1985年と2022年のアマゾン川の写真を提示するところから始めます。「どんなことがわかるかな？」と問うと，開発された部分の多

さに気付きます。実に北海道10個分の面積です。この驚きを問いへつなげます。

本時のねらい

【思考・判断・表現】アマゾン川周辺で進む開発について話し合うことを通して、開発の現状について説明することができる。

❷【展開】社会的事象の意味を見出す協働（つながる）

思考をゆさぶる発問：なぜアマゾンの森林がこんなに破壊されているのかな？

展開場面では、アマゾンで開発が進む理由について、地図帳や教科書をもとに調べていきます。そうすると、畑や牧場、道路の開発により森林が減ってきていることがわかると考えます。また、スーパーで売られる「焼き鳥」の写真を提示します。ブラジルで鶏が育てられるところからスライド形式で写真を提示することで、自分たちも開発に関わっている事実に気付きます。

❸【まとめ】探究的な学びへとつなげるふり返り（創り出す）

探究へつなぐ発問：（開発のしすぎはよくないのに）なぜブラジル政府は対策しないのかな？

このまま開発が進むと地球全体に影響があることがわかります。それでも政府は開発への対策をしないのか話し合いました。「他の国のため」「他の国も開発している」などの予想を引き出した上で、現地の農業を営む方の声を提示し、開発と生活のジレンマについて考えられるようにします。

アマゾン川の近くで農業をする方の話（抜粋）

- 自分の土地の木をきるのに、なんで他の人に非難されなければいけないんだ？
- アマゾンの森林開発は私たちの生きる手段。環境保護団体や欧米諸国は開発に反対するけれど、森林だけがあっても私たちは生活できない。
- ブラジルが経済成長を遂げたけれど、北部はまだ貧しいまま。先進国からの「アマゾンは地球の財産」などという言葉はきれい事にしか聞こえない。

日本経済新聞「アマゾン森林火災、くすぶる先進国への不信　現地ルポ」より

評価のポイント

・❷❸の場面について、どのような開発が行われているのかを踏まえて説明することができているか。

8 オセアニア州

1 オセアニア州にフランスの国旗？

（1時間構成）

板書

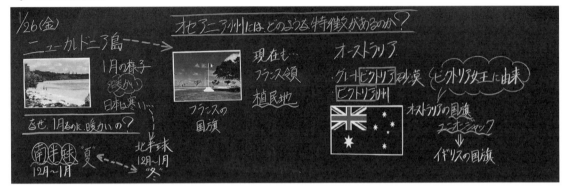

見方・考え方を働かせる授業デザイン

❶【導入】深い学びを生む「問い」（かかわる）

本時の問いへつなぐ発問：なぜ1月なのに暖かいの？

　本時では，オセアニア州を大観することをねらいとしています。導入では，これまでの学習を踏まえて，ニューカレドニア島の季節を取り上げました。提示する写真は，ニューカレドニア島の1月の様子です。子どもたちとのやりとりを以下に示します。

T：（写真を提示）この写真はニューカレドニア島の1月の写真です。
S：暖かそう！
S：日本は寒い時期なのに羨ましい！
T：今，話していたように日本は寒い時期なのに，どうして暖かそうなのかな？
S：南半球だからだね。
S：北半球の日本とは逆の季節になるよね。

本時のねらい

【知識・技能】 オセアニア州の季節や国旗がわかる写真を通して，オセアニア州の特徴を理解することができる。

❷ 【展開】社会的事象の意味を見出す協働（つながる）

思考をゆさぶる発問：なぜニューカレドニア島にフランスの国旗があるのかな？

次に，オセアニア州の歴史的側面を捉えられる写真を提示します。ニューカレドニア島において，フランス国旗が写っている写真です。植民地を手がかりに，フランス国旗がある理由を探っていきます。実際の授業では，以下のように子どもたちとのやりとりを進めました。

T：（写真を提示）おかしいところがひとつあります。わかるかな？
S：国旗？
T：え？　国旗？　同じように国旗がおかしいと思う人？
S：フランス国旗がある。
S：オセアニア州にフランス国旗があるのが変！
S：教科書にヨーロッパ諸国とのつながりがあったと書いているから，フランスの植民地だったということじゃないかな？

❸ 【まとめ】探究的な学びへとつなげるふり返り（創り出す）

探究へつなぐ発問：グレートビクトリア砂漠・ビクトリア州から見える他国のつながりは？

授業のまとめでは，オセアニア州の他の国の事例を取り上げます。「オーストラリアに関する2つの言葉（グレートビクトリア砂漠・ビクトリア州）から見える他国とのつながりは？」と投げかけた上で，子どもたちに

> グレートビクトリア砂漠
> ビクトリア州
> →植民地時代のビクトリア女王との
> 　つながり

予想させます。2つの言葉に共通する「ビクトリア」をもとにイギリスとのつながりを引き出せるようにしました。

評価のポイント

・❷❸の場面について，写真や国旗をもとにオセアニア州の特徴を理解することができているか。

8 オセアニア州

2 オセアニア州といえば羊?!
(1時間構成)

板書

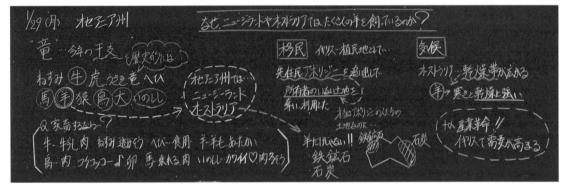

見方・考え方を働かせる授業デザイン

❶【導入】深い学びを生む「問い」（かかわる）

本時の問いへつなぐ発問：十二支の中で家畜にするならどの動物がよいかな？

本実践の時期が1月ということもあり、十二支を全部言えるか隣同士で確認し合うクイズから始めました。その上で、「十二支の中で家畜にするならどの動物がよいかな？」と問いかけ、子どもたちから選んだ動物とその理由を引き出すと、よく子どもたちが口にする牛・鶏が多く挙げられました。そこで、人口よりも羊の多い

ニュージーランドで羊が飼われている写真を提示し、数ある動物の中でなぜ羊が多いのかという疑問を生み出すようにしました。

本時のねらい

【思考・判断・表現】ニュージーランドやオーストラリアで羊が多く飼われている理由について，移民や気候をもとに説明することができる。

❷ 【展開】社会的事象の意味を見出す協働（つながる）

思考をゆさぶる発問：なぜたくさんの羊を飼っているのかな？

導入での疑問をもとに，本時の問いを解決していきます。ポイントは以下の2点です。歴史的側面と地理的側面の見方・考え方を働かせながら追究していきます。歴史的側面は教科書的な内容から植民地の話は引き出せますが，産業革命について触れておくと，これから学習する内容の布石とすることができます。

ポイント①　移民	ポイント②　気候
・植民地として移民が入り，先住民の土地を所有者のいない土地として羊を飼育した。 ・産業革命を通して，イギリスで羊毛の需要が高まった。	・オーストラリアでは乾燥帯の割合が多く，乾燥に強い羊が飼育に適していた。

❸ 【まとめ】探究的な学びへとつなげるふり返り（創り出す）

探究へつなぐ発問：所有地を奪われたアボリジニの人々の生活はどうなったのかな？

授業のまとめでは，展開場面で触れた歴史的側面についてさらに深めます。植民地時代の歴史が今のニュージーランド・オーストラリアにもつながっていますが，マオリやアボリジニの立場で考えると苦しい生活を強いられた事実もあります。そうした事実についての映像を視聴することで，歴史はもちろん，公民の人権の学習とのつながりを見出すことができます。

評価のポイント

・②の場面について，移民や気候を踏まえて説明することができているか。
・③の場面について，先住民の歴史をもとに，歴史と現代のつながりを追究しようとしているか。

8 オセアニア州

3 単元の学びから見えるオセアニア州の過去と現在 （1時間構成）

子どもが作成した単元のまとめ

本時のねらい

【思考・判断・表現】オセアニア州の特徴について，過去と現在の視点をもとに説明することができる。

❶ 【展開】社会的事象の意味を見出す協働（つながる）

思考をゆさぶる発問：オセアニア＝「多様な自然と文化の楽園」はふさわしいかな？

一人ひとりがまとめる際には，「過去」と「現在」の視点で，単元の学びを通して印象に残ったことを中心にロイロノートで整理していきます。その上で，全体で話し合いながら学級全体として学び合う場面を位置づけます。話し合うきっかけとして提示する資料として，ChatGPT に「オセアニアをひと言で表すとどんな地域？」と質問した反応を提示します。社会科は市民性を育てることも目指していますので，

> オセアニアを一言で表すとどんな地域？
>
> 🔆 オセアニアを一言で表すと「多様な自然と文化の楽園」です。
>
> その理由を教えてください。
>
> 🔆 オセアニアは、多様な自然環境と文化が豊富に共存する地域だからです。広大な太平洋に点在する島々からなるオセアニアには、青い海と白い砂浜、熱帯雨林、火山、サンゴ礁など、驚くほど多様な自然の風景が広がっています。また、オーストラリアの先住民やポリネシア、メラネシア、ミクロネシアといったさまざまな文化が長い歴史の中で独自に発展してきました。それぞれの島国には固有の伝統、言語、芸術があり、その多様性が「楽園」としての魅力をさらに高めています。

自分なりに感じていることを素直に語り合うことで，その素地へつなげていきたいと考えます。

S1：昔は植民地だったかもしれないけれど，今は多文化主義をとっている。そう考えると「文化の楽園」という言葉はあっていると思う。
S2：自分もそう思う。アジアなど，色んな国との関係を深めていることも特徴だし，知り合いの人もオーストラリアに住んでいたけど，外国人にも優しいと言っていた。
S3：でも，先住民の問題は解決されたわけではないから，文化の楽園はふさわしいのかは疑問……。アボリジニやマオリの人たちは，植民地時代のことをどう思っているのかな。

評価のポイント

・❶の前半場面について，過去と現在の視点をもとに説明することができているか。
・❶の後半場面について，ChatGPT の表現をもとに，オセアニア州の社会生活について追究しようとしているか。

2章　見方・考え方を働かせる！中学地理授業づくりの教科書　板書＆展開プラン　87

9 日本の地域構成

1 山が高くなった?!　　　　　　　　　　　　　　　　　　　　　　　（1時間構成）

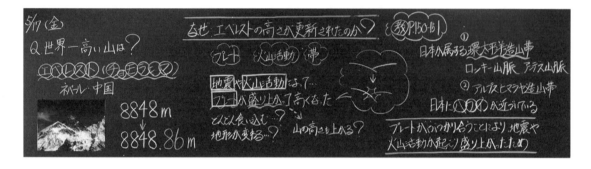

見方・考え方を働かせる授業デザイン

❶ 【導入】深い学びを生む「問い」（かかわる）

本時の問いへつなぐ発問：「0.86」…何の数字かな？

　本時は「0.86」の数字を提示するところから始めます。2020年，世界一と呼ばれるエベレストの高さが0.86m高くなり「8848.86m」に変わりました。その事実をもとに，本時の問いへとつなげていきます。子どもたちとのやりとりを以下に示します。

```
T：(「0.86」を板書)「0.86」，何の数字でしょう？
S：(まだ明確な答えは出ない)
T：ヒントは，世界で一番高い山であるエベレストに関わる数字です。
S：エベレストの高さ？
S：0.86は小さすぎる！笑
T：(エベレストの高さ変更のニュースを提示) エベレストの高さが0.86m高くなりました。
S：今まで測り間違っていただけじゃないの?!
```

本時のねらい

【知識・技能】エベレストの高さが変わった理由について，プレートの動きをもとに理解することができる。

❷ 【展開】社会的事象の意味を見出す協働（つながる）

思考をゆさぶる発問：なぜエベレストの高さが更新されたのかな？

　エベレストの高さが更新された理由について，プレートの動きをもとに考えられるようにします。授業の実際では，「プレート」「ぶつかる」などの言葉をもとに，自分の考えを記述できた子からヒントとして引き出し，考えるきっかけにしました。

エベレストの高さが更新された理由

・ヒマラヤ山脈の下のプレートは，一方がもう一方の下に沈み込むということはなく，正面から衝突している。
・プレートがぶつかり合い，地面が盛り上がった。

❸ 【まとめ】探究的な学びへとつなげるふり返り（創り出す）

探究へつなぐ発問：ハワイが日本に近づいていると言われているのはどうして？

　授業のまとめでは，本時の内容に関連しているハワイの話題を取り上げます。内容は，ハワイは日本に近づいていて，一億年後には日本と陸続きになるというものです。理由は，日本の周囲の4枚のプレートが，ぶつかり合いながら動いているからです。このように子どもたちの関心のある事実をもとに，探究へつなげました。

評価のポイント

・❷の場面について，プレートの動きと関連づけて理解することができているか。
・❸の場面について，本時の学びをもとに，説明しようとしているか。

9 日本の地域構成

2 災害大国日本　　　　　　　　　　　　　　　（1時間構成）

板書

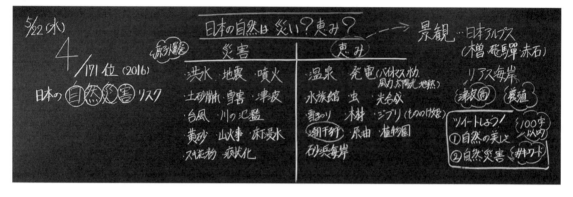

見方・考え方を働かせる授業デザイン

❶【導入】深い学びを生む「問い」（かかわる）

> 本時の問いへつなぐ発問：171位中4位，何のランキング？

　本時の導入では，171位中4位という数字を提示し，日本の自然災害リスクについて考えるきっかけへとつなげます。しかし，この日本の順位だけでは，何の順位を表しているのかわかりにくいので，穴埋め形式と資料によって気付くことができるようにしました。資料は，右のような自然災害に関わる写真を提示しました。日本で災害が多いことはわかっていたとしても，順位の高さに改めて驚く姿が見られました。

※板書は国連大学の「世界リスク報告書2016年版」を参照して作成

本時のねらい

【知識・技能】日本の自然災害について，メリット・デメリットに整理して理解することができる。

❷ 【展開】社会的事象の意味を見出す協働（つながる）

思考をゆさぶる発問：日本の自然災害は災いか？恵みか？

展開場面では，日本の自然災害についてメリット・デメリットに分けていきます。災害を確認することはもちろんですが，観光資源に役立てている例を取り上げることで，日本の諸地域の学習へつなげていきます。

災いの例	恵みの例
地震　津波　台風　がけ崩れ　地すべり 落雷　高潮　大雪　竜巻　干ばつ　冷夏 火山噴火など	温泉や雪まつりなどの観光資源の活用 美しい景観　自然エネルギーへの活用など

❸ 【まとめ】探究的な学びへとつなげるふり返り（創り出す）

探究へつなぐ発問：自然の災いや恵みをツイートするなら何がいいかな？

本時の学びを生かして，印象に残ったことをアウトプットします。ルールは「災いか恵みどちらかを取り上げる」「100字以内」「#でキーワードを表す」の3点です。発信することで相手意識をもってアウトプットすることができます。

評価のポイント

・②の場面について，メリット・デメリットをもとに理解することができているか。
・③の場面について，本時で学んだことをもとにして，災いや恵みについて表現しようとしているか。

9　日本の地域構成

3　果物はどの気候がお好き？　　　　　　　　　　　　　（1時間構成）

板書

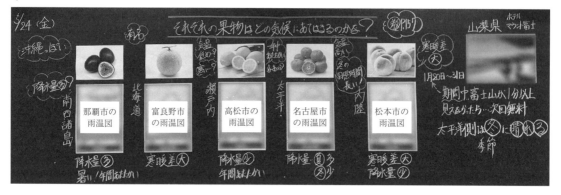

見方・考え方を働かせる授業デザイン

❶【導入】深い学びを生む「問い」（かかわる）

本時の問いへつなぐ発問：それぞれの果物はどの気候にあてはまるかな？

導入では、「パッションフルーツ」「メロン」「レモン」「みかん」「桃」の5つの果物の写真を提示しました。子どもたちとのやりとりを以下に示します。

T：（5つの果物の写真を提示）それぞれどんな気候でとれると思いますか？
S：メロンは北海道も有名じゃない？
S：逆にパッションフルーツは北海道ではとれなさそうだよね。
S：パッションフルーツは沖縄じゃない？
T：え？　沖縄？
S：だって南国っぽいし！
T：だったら……（雨温図）でいうと、沖縄はどれがあてはまるかな？

本時のねらい

【思考・判断・表現】果物と雨温図を関連づけて説明することができる。

❷ 【展開】社会的事象の意味を見出す協働（つながる）

思考をゆさぶる発問：どうして，その雨温図を選んだのかな？

展開場面では，ロイロノートに5枚の果物の写真と雨温図を配付し，まずは個人で活動します。しかし，果物の特徴がこの段階ではわからないので，何となく果物と雨温図を照らし合わせていくような活動になるかと思います。そこで，右のようなヒントカードを配付します。このヒントカードをもとにしながら雨温図を選ぶことで，雨温図の特徴を捉えることにもつながります。

【ヒントカード】

パッションフルーツ：亜熱帯

もも：一年の日照時間が長い、寒暖差が大きい

めろん：寒暖差が大きい

みかん：冬の日照時間が長い

れもん：一年中温かい、降水量が少ない

❸ 【まとめ】探究的な学びへとつなげるふり返り（創り出す）

探究へつなぐ発問：どうしてホテルマウント富士で宿泊無料券を配るのかな？

山梨県のホテルマウント富士では，1月20日～31日の期間で富士山が1分以上見えなければ次回宿泊無料としています。その理由について，太平洋側の気候では冬の日照時間が長いということと関連づけながら考えられるようにします。

評価のポイント

・❷の問いについて，果物が育ちやすい環境と雨温図の特徴を関連づけて説明することができているか。
・❸の問いについて，太平洋側の気候の特徴を踏まえて説明することができているか。

9 日本の地域構成

4 自動車保有率が高い地域と低い地域　　（1時間構成）

板書

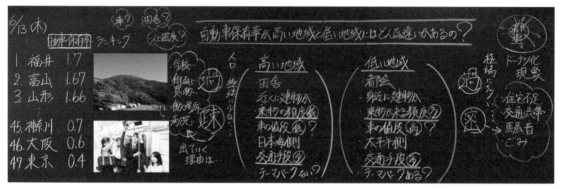

見方・考え方を働かせる授業デザイン

❶ 【導入】深い学びを生む「問い」（かかわる）

本時の問いへつなぐ発問：何のランキングかな？

　導入では，自動車保有率ランキングのタイトルを伏せて提示します。この段階では，人口や出生率に関わることなどの予想が出ました。その後，1～3位に関わる資料として駐車場に自動車が停めてある写真，45～47位に関わる資料として満員電車の資料を提示することで，「？＝自動車保有率」に気付くことができるようにしました。

？ランキング			
1	福井…1.7	45	神奈川…0.7
2	富山…1.67	46	大阪…0.6
3	山形…1.66	47	東京…0.4

「『自動車の保有台数』が多い都道府県ランキング」（2023）より

本時のねらい

【知識・技能】自動車保有率が高い地域と低い地域の違いについて話し合うことを通して，人口が多い地域と少ない地域の課題を理解することができる。

❷ 【展開】社会的事象の意味を見出す協働（つながる）

> 思考をゆさぶる発問：自動車保有率が高い地域と低い地域，住むならどっち？

　展開場面では，自動車保有率が高い地域と低い地域について，違いを探っていきます。子どもたちから違いをいくつか引き出した上で，自動車保有率が高い地域・低い地域の課題に着目していきます。ただ，ストレートに聞いてしまうと，課題の羅列になってしまうので，本時では「自動車保有率が高い地域と低い地域，住むならどっちがよいかな？」と問いました。実際の授業では，低い地域がよいと言う子が多く，その理由として「学校や働く場所が多い」「買い物が便利」を挙げていました。こうした視点を踏まえながら，過疎の課題について確認できるようにしました。

❸ 【まとめ】探究的な学びへとつなげるふり返り（創り出す）

> 探究へつなぐ発問：自動車保有率の低い地域には課題はないのかな？

　私が勤務する北海道の学校の子どもたちの中には，進学や就職を機に都市へ出る子が多くいます。大学も働く場所も多い都市部には課題がないわけではありません。人口が集中するがゆえに，交通渋滞や騒音問題，そして地価の上昇などの問題があることを確認していきます。実際の授業では，都市部に住んでいた子どもの経験を語ってもらうことで，より実感を伴った理解へとつながりました。

評価のポイント

・❷❸の問いについて，具体的な場面を想起しながら，地域的な課題を理解することができているか。

9 日本の地域構成

5 日本の電力の行方　　　　　　　　　　　　　　　　　　（1時間構成）

📷 板書

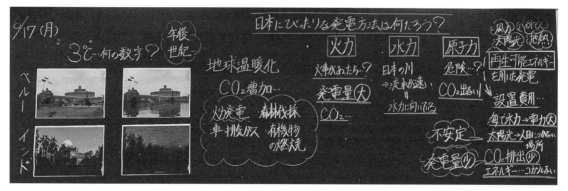

見方・考え方を働かせる授業デザイン

❶【導入】深い学びを生む「問い」（かかわる）

本時の問いへつなぐ発問：「3」…何の数字かな？

　導入では，「3」という数字をもとに本時の問いへつなげました。関連する資料として，CNNのインターネットニュース「海面上昇したら歴代COP開催都市はどうなる？　ビジュアル比較」に掲載されたペルーとインドの浸水想定画像を提示しました。資料をもとにした子どもたちとのやりとりを以下に示します。

T：(「3」を板書) この「3」は何の3かな？　関連する資料をもとに想像してみてください。
T：(ペルーとインドの浸水想定画像を提示) この資料をもとに「3」を考えよう。
S：3世紀後？
S：3年後かな？
T：「3」は「3℃」を表しています。地球の気温が3℃上昇するとインドやペルーの一部では建物が覆われるほど浸水してしまいます。

本時のねらい

【思考・判断・表現】日本が重要視すべき発電方法について，発電方法の特徴をもとに説明することができる。

❷【展開】社会的事象の意味を見出す協働（つながる）

思考をゆさぶる発問：日本にぴったりな発電方法は何だろう？

導入において，地球の気温が3℃上昇すると大きな変化をもたらすことを確認しました。その上で，その大きな要因としてCO₂の増加，とりわけ日本では火力発電の割合が多いことも影響していることを確認し，「日本にぴったりな発電方法は何だろう？」という問いへつなげました。

個人思考の際には，火力は赤，水力は青，原子力は黄色，再生可能は緑のようにテキストの色を分けてロイロノートに考えを提出することで，お互いの立場を明確にして話し合いができるようにしました。

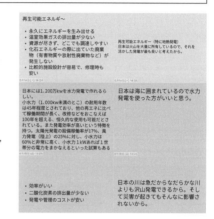

❸【まとめ】探究的な学びへとつなげるふり返り（創り出す）

探究へつなぐ発問：再生可能エネルギーは地球にやさしいと言い切れるのかな？

このように子どもに問いかけた上で，近年釧路で話題になっている湿原での太陽光パネルの設置のニュースを視聴します。実際の授業では，ブラジルでのバイオエタノールのためのアマゾンの開発と同じことだと考え，立ち止まって考える姿が見られました。

評価のポイント

・❷の問いについて，発電方法の特徴を踏まえた上で，説明することができているか。
・❸の問いについて，エネルギー生産について多面的に考えようとしているか。

9　日本の地域構成

6　産業の課題をどうやって解決？!　　（1時間構成）

板書

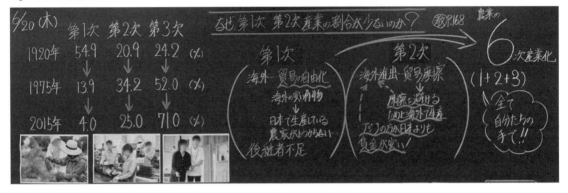

見方・考え方を働かせる授業デザイン

❶【導入】深い学びを生む「問い」（かかわる）

本時の問いへつなぐ発問：どんな数字の移り変わりだろう？

導入では、右の数字を第何次産業なのか明かさずに提示しました。次に、産業別の写真を提示し、第1次産業・第2次産業の割合が減り、第3次産業の割合が大きく増えたことを確認します。その上で、NHK for Schoolの「なぜ第三次産業の割合がこんなに増えたの？」の冒頭を視聴し、本時の問いへつなげました。

総務省統計局「産業別15歳以上就業者割合の推移」より

本時のねらい

【知識・技能】日本の産業の移り変わりについて，外国との関わりをもとに理解することができる。

❷【展開】社会的事象の意味を見出す協働（つながる）

思考をゆさぶる発問：なぜ第1次産業，第2次産業の割合が少ないのかな？

第1次産業，第2次産業の割合が第3次産業に比べて少ない理由について，外国との関わりをもとに考えていきます。第1次産業では，貿易の自由化により外国の品物が輸入されたことで，後継者不足へつながったことを整理していきます。また，第2次産業では，生産コストを抑えるために海外生産が多くなったことで，日本での生産の割合が減ったことを確認します。

第1次産業と外国との関わり	第2次産業と外国との関わり
・貿易の自由化により，海外の低価格な品物が輸入される。	・生産コストを抑えるために生産の拠点を海外へ移す企業が増え，産業の空洞化が進む。

❸【まとめ】探究的な学びへとつなげるふり返り（創り出す）

探究へつなぐ発問：「6」…何の数字だろう？

こう問いかけた後に，「次の映像の中から『6』を探そう！」と伝え，導入で見たNHK for Schoolの「なぜ第三次産業の割合がこんなに増えたの？」を再度視聴します。この映像をきっかけに「農業の6次産業化」について日本での事例を調べる活動を位置づけました。

6次産業化で日本の産業を救え！

注目した取組
□ふるさと回帰産業
→地域紹介や住まい作りなどのふるさとへの移住を希望する方へのサービスを提供して人口の減少を防ぐ
□次世代ツーリズム
→野菜などの収穫体験や農家民宿など農業の体験をすることで興味を持ってもらい，農業の後継者を増やす
□農家レストラン・農家カフェ
→生産物や地域の食材を加工や調理して提供する飲食店で，実際に農産物販売を行ってみたりして農業に興味を持ってもらう

振り返り
第1次産業や第2次産業の話を聞いたときは貿易の自由化や高齢化によって後継者がいなかったり，安い値段のものが沢山輸入されて日本の製品が売れないとか結構致命的な課題ばかりでもう無理なんじゃないかと思っていたけど，今回の6次産業化について調べているときに農業などをやっている人たちだけではなく自分達でもやれることがものすごく沢山あることがわかりました。これからは，自分ができることは積極的にやってこれからの日本を明るくしていきたいです。

評価のポイント

・❷の問いについて，外国との関わりをもとに理解することができているか。
・❸の問いについて，農業の6次産業化の事例を追究しようとしているか。

10　九州地方

1　九州地方ってどんなところ？ （1時間構成）

板書

見方・考え方を働かせる授業デザイン

❶【導入】深い学びを生む「問い」（かかわる）

本時の問いへつなぐ発問：九州地方ってどんなところ？

　導入では，九州地方の大まかなイメージについて確認していきます。単元の1時間目なので，誰もが参加しやすく，学習に見通しをもてるようにすることを意識しました。以下のような流れで，子どもとやりとりしながら本時の問いへつなげていきました。

T：九州地方にはいくつ県があるかな？　隣の人と，「せーの」で指の本数で表そう。
S：（ペアで指を使って表す）
T：全部で8つだね。では，それぞれの県の特徴を聞かれたら言えそう？　ペアで5つ挙げてみよう。
S：（ペアで活動→ロイロノートで話した内容を提出）
T：みんなの話した内容を見ていると，5つ挙げているペアもあるけれど，まだまだ迷っているペアもありそうだね。今日は，みんなが特徴を言えるようにしていこう。

【知識・技能】九州地方の特徴を表現する活動を通して，九州地方の特徴を理解することができる。

❷ 【展開】社会的事象の意味を見出す協働（つながる）

思考をゆさぶる発問：「九州地方って○○なところ」の○○にあてはまる言葉は？

展開場面では，個人で「九州地方って○○なところ」の○○にあてはまる特徴を調べる活動を位置づけました。ロイロノートでのワークシートには，右の写真のように関連する資料を添付できるようにしました。状況に応じて，子どもが根拠として扱った資料を今後の授業の中で扱うことで，子どもの思考に沿った学びへとつなげていきます。

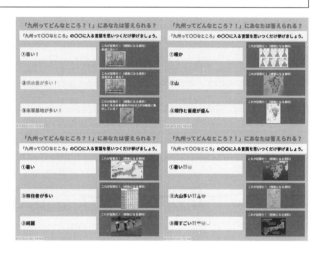

❸ 【まとめ】探究的な学びへとつなげるふり返り（創り出す）

探究へつなぐ発問：色の濃さは何を表しているかな？

授業のまとめでは，題名を伏せて「災害救助法の適用実績」を提示します。色が濃くなるほど，大地震などが発生した際に適用される災害救助法の回数が多く，九州地方は色の濃い県が多いです。この資料をもとに，「（自然災害の多い）九州地方の人は自然とどのように関わっているのか？」という単元の問いへつなげます。

中小企業庁「2019年中小企業白書」より

評価のポイント

・❷の場面について，ワークシートにまとめる活動を通して，九州地方の特徴を理解することができているか。

10 九州地方

2 1000回も噴火する御岳

（1時間構成）

板書

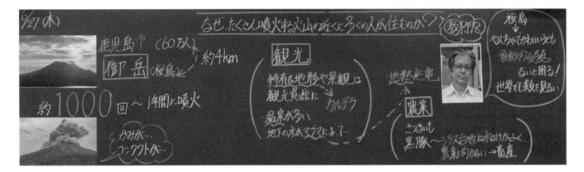

見方・考え方を働かせる授業デザイン

❶【導入】深い学びを生む「問い」（かかわる）

本時の問いへつなぐ発問：御岳はどれくらい噴火するのかな？

導入では，鹿児島県の御岳の写真を提示した上で，以下のようなやりとりを通して本時の問いへつなげていきます。

T：（御岳の写真を提示）この山は何という山か知っていますか？　ヒントは鹿児島県です。
S：桜島……？
S：地図帳には御岳と書いてある！
T：この山は御岳と言います。この火山が一年に多いときで何回くらい噴火するかというと……
S：100回くらい？
S：500回！
T：（一の位からじっくり書いていく）1000回です。
S：えっ？　そんなに！

本時のねらい

【思考・判断・表現】一年に何度も噴火する御岳の近くに住む理由について，火山の恩恵や住む人の思いをもとに説明することができる。

❷ 【展開】社会的事象の意味を見出す協働（つながる）

思考をゆさぶる発問：なぜたくさん噴火する火山の近くに多くの人が住んでいるのかな？

展開場面では，主に観光と農業の面から本時の問いを解決できるようにしました。本時で中心にしたのはこの2点ですが，地熱発電など，この2つの側面以外の内容についても子どもが発言した際には取り上げていきます。

キーワード①　観光	キーワード②　農業
・カルデラなど特有の景観が見られる。 ・温泉が多い。	・シラス大地の水はけのよさを生かし，さつまいもが特産品。

❸ 【まとめ】探究的な学びへとつなげるふり返り（創り出す）

探究へつなぐ発問：鹿児島県に住む人たちは御岳をどう思っているのかな？

現地の人の思いをもとに，さらに学びを深めます。人の営みや思いを通して，教科書の事実にあることだけではなく，多角的に考えることにもつながると考えます。本時では，50年以上鹿児島県に住んでいた方の話を通して，観光や農業以外の視点で火山について考えました。

- 御岳はやんちゃで可愛い存在
- 鹿児島の象徴のようなものなので御岳のない生活は考えられない
- 火山と共存する例は世界でも類を見ないらしい！誇り！

評価のポイント

・❷の場面について，火山の恩恵や住む人の思いをもとに説明することができているか。
・❸の場面について，現地の人の思いも踏まえて，多角的に考えようとしているか。

10　九州地方

3　どうしてこんなに大きい大根が育つの？　（1時間構成）

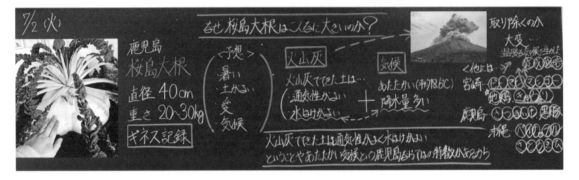

見方・考え方を働かせる授業デザイン

❶【導入】深い学びを生む「問い」（かかわる）

本時の問いへつなぐ発問：この大根は何と言うでしょうか？

　導入では，桜島大根を試食し，追究のエネルギーへと変えていきます。実際の授業では，子どもたちと以下のようなやりとりをし，本時の問いへとつなげました。

T：（桜島大根の漬物を提示）今日はある食べ物の漬物を持ってきました。食べたい人は食べてみてください。
S：（桜島大根を試食）
T：みんなが今食べた大根は，九州地方の特産品のひとつです。この大根は何と言う大根でしょう？
S：地図帳○ページに鹿児島県に大根のマークがある。
S：桜島大根だ！
T：この大根は鹿児島県の桜島大根です。桜島大根は直径40cm，重さが20～30kgあり，ギネス記録にも認定されている大根です。

本時のねらい

【知識・技能】桜島大根の栽培をもとに、九州地方で行われる自然環境を生かした農業について理解することができる。

❷ 【展開】社会的事象の意味を見出す協働（つながる）

思考をゆさぶる発問：なぜ桜島大根はこんなに大きく育つのかな？

まずは子どもたちに予想させていきます。実際の授業では、「鹿児島ならではの気候」「土が大根に合っている」などの反応がありました。その上で、調べる活動の中で火山灰と気候を子どもたちからキーワードとして引き出し、集団解決へとつなげました。

キーワード①　火山灰	キーワード②　気候
・火山灰でできた土地であるシラス台地は、通気性も水はけもよいため、大根がじっくり時間をかけて育つ。	・平均気温がおよそ18℃であり、暖かい気候である。 ・夏の降水量が多いが、シラス台地は水はけがよいので桜島大根の栽培に適している。

❸ 【まとめ】探究的な学びへとつなげるふり返り（創り出す）

探究へつなぐ発問：鹿児島県だけで自然環境を生かした農業をしているのかな？

授業のまとめでは、九州地方の自然環境を生かした農業について、さらに理解をするために「鹿児島県だけで自然環境を生かした農業をしているのかな？」と問いかけました。多くの子が初めは戸惑いますが、教科書をもとにしながら宮崎県で行われる促成栽培で育てられる農作物などを挙げることができました。こうして九州地方では、自然の厳しさを受けながらも、自然を生かしながら生活する側面があることを子どもたちに気付かせました。

評価のポイント

・❷❸の問いについて、自然環境をどのように生かしているのかという視点を踏まえて理解することができているか。

10 九州地方

4 公害で廃校になった小学校

（1時間構成）

 板書

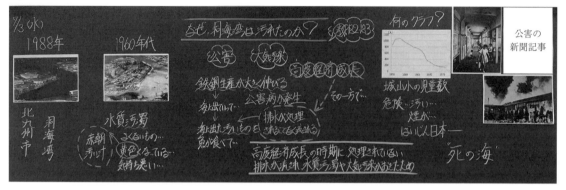

見方・考え方を働かせる授業デザイン

❶【導入】深い学びを生む「問い」（かかわる）

本時の問いへつなぐ発問：2つの洞海湾を比べると，何がわかるかな？

導入では，1988年と1960年代（高度経済成長期）の洞海湾の写真を比較しました。本時では，汚れたという事実を強調したかったため，きれいになった洞海湾の写真である1988年のものを先に提示しています。子どもたちからは以下のような反応がありました。

北九州市HP「ばい煙の空，死の海から奇跡の復活」より

- よくないものが海に浮かんでいる気がする……。
- 海が絵で描いたように，黄色くなっている。
- 赤潮なのかな？
- 水質汚濁が進んでいる？

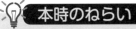

本時のねらい

【思考・判断・表現】洞海湾が汚れた理由について，高度経済成長などの当時の時代背景と関連づけて説明することができる。

❷ 【展開】社会的事象の意味を見出す協働（つながる）

思考をゆさぶる発問：自然を生かす九州地方で一体何があったのかな？

導入での子どもたちの気付きをもとに，「自然を生かす九州地方で一体何があったのかな？」と投げかけました。前時までに，桜島大根や促成栽培などで自然を大切にしている側面について学んできたからこそ，そのギャップは大きいと考えます。問いを解決するキーワードは高度経済成長です。高度経済成長をもとに，公害の発生と関連づけながら説明できるようにしました。

洞海湾と高度経済成長のつながり

・高度経済成長により，北九州市において鉄鋼生産が大きく伸びた。
・工場排水が処理されることなく海に流されたことで汚染が進んだ。

❸ 【まとめ】探究的な学びへとつなげるふり返り（創り出す）

探究へつなぐ発問：どうやってきれいな海を取り戻したのかな？

本時のまとめでは，海がきれいになったことに目を向けられるようにします。そのきっかけとして，右の資料を提示しました。城山小学校の児童数が減った理由は公害です。最終的に城山小学校は廃校となってしまいました。ここからきれいな洞海湾をどのように取り戻したのかという学びへつなげます。

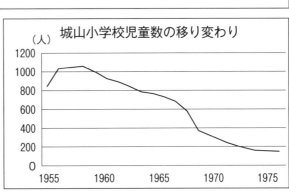

北九州市立黒崎中学校HPより

評価のポイント

・❷❸の問いについて，高度経済成長期の工業生産をもとに説明することができているか。

10　九州地方

5　きれいな海を取り戻した母親たちの行動　　（1時間構成）

📋 板書

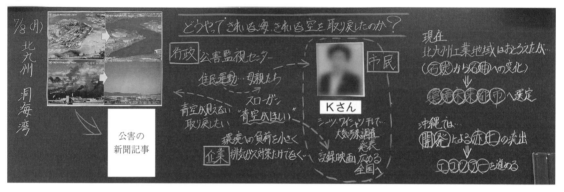

見方・考え方を働かせる授業デザイン

❶【導入】深い学びを生む「問い」（かかわる）

| 本時の問いへつなぐ発問：どうやってきれいな海を取り戻したのかな？ |

導入では，前時の学びとの連続性を生かしながら，どのようにきれいな海を取り戻したのか予想するところから始めます。実際の授業では，企業側の対策が海をきれいにしたのではないかと予想する子どもが多くいました。

北九州市HP「公害克服への取り組み」より

本時のねらい

【思考・判断・表現】きれいな海を取り戻した理由について，市民・行政・企業の視点の取り組みをもとに説明することができる。

❷【展開】社会的事象の意味を見出す協働（つながる）

思考をゆさぶる発問：みんなが北九州市の市民ならどうするかな？

導入での予想において，「自分なら市長に直接話しにいくと思う。待っていても何も解決しない。」と話した子がいました。その考えを切り口に，「みんなが北九州市の市民ならどうするかな？」と投げかけ，当時母親として運動を起こした方のインタビュー内容を資料として配付しました。

「青空を取り戻すために」 Kさんにインタビュー

公害が収まらない，困難な状況の中，最初に反対の声をあげたのは母親たちでした。「子どもの健康を守るため，汚れた空気を何とかしたい」と切なる思いで団結したのです。大企業を相手に，一人で訴えても相手にはしてもらえません。ですから，力を合わせて「青空を取り戻す運動」を始めました。外に出ると煙で子どもの顔が真っ黒くなることもありました。当時は，「公害の健康被害」がよく知られていませんでした。そこで，母親たちは，シーツやワイシャツを干して，大気汚染の実態を調査し，その結果をもとに市議会を通じて工場に改善を迫ったのです。続いて，お菓子の空き箱を使って「降下ばいじん量」を測定しました。そして，病気で欠席した児童数との関係を調べて発表したのです。1965年以降，母親たちの運動はさらに広がっていきました。

母親たちが運動を進め，自ら制作した記録映画「青空がほしい」は，全国でも大きな反響を呼びました。こうした運動を受けて，マスコミも「公害被害や対策」について報道しました。こうして，「市民，行政，企業」が連携して，環境対策への意識が向上していったのです。

❸【まとめ】探究的な学びへとつなげるふり返り（創り出す）

探究へつなぐ発問：九州地方の人たちにとって自然はどのような存在だと言えるかな？

九州地方と自然について改めて考えます。単元の前半では，自然と共生する九州地方の人たちの姿を学んでいきましたが，後半は経済成長とのバランスを崩したことによる被害について学びました。そうした学びを経て，自分の考えを整理する時間を位置づけます。

評価のポイント

・❷❸の場面について，市民・行政・企業の視点を踏まえて説明することができているか。

11　中国・四国地方
1　中国・四国地方ってどんなところ？　　（1時間構成）

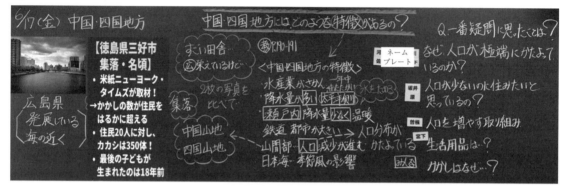

見方・考え方を働かせる授業デザイン

❶　【導入】深い学びを生む「問い」（かかわる）

本時の問いへつなぐ発問：どんな違いがあるかな？

　導入では，広島市の写真を提示し，子どもたちから「発展している」などのイメージを引き出しました。その上で，徳島県三次市の集落・名頃の写真と情報を伝えます。この集落はかかしの数が住民よりもはるかに多い場所です。発展している広島市

【徳島県三好市　集落・名頃】
- 米紙ニューヨーク・タイムズが取材！
　→かかしの数が住民をはるかに超える
- 住民20人に対し、カカシは350体！
- 最後の子どもが生まれたのは18年前

と名頃のように過疎化が進む場所を対比することで，疑問を生み出しました。

【知識・技能】中国・四国地方の特徴を表現する活動を通して，中国・四国地方の特徴を理解することができる。

❷ 【展開】社会的事象の意味を見出す協働（つながる）

思考をゆさぶる発問：中国・四国地方には，どのような特徴があるのかな？

展開場面では，個人で中国・四国地方の特徴を調べる活動を位置づけました。導入では，人口の側面から中国・四国地方の特徴を探るきっかけを与えましたが，気候や産業などのさまざまな側面から特徴を捉えられるようにしました。

❸ 【まとめ】探究的な学びへとつなげるふり返り（創り出す）

探究へつなぐ発問：一番疑問に思ったことは何かな？

授業のまとめでは，単元の学習を進める上での問いにつなげていくために，一人ひとりの疑問を引き出しました。個別の問いを大切にすることは，問題解決学習において重要な要素です。ロイロノートで，一番疑問に思ったことを引き出し，全体でその理由を確認しながら，単元で追究していく内容を共有しました。

なぜこんなに極端に人口が少ない町があるのか。	一番疑問に思ったことは？ →この村の人たちはこんなに人口が少なくなって，まだまだ住みたいと思っているのか。
2022年6月17日(金) 13:11	2022年6月17日(金) 13:12
かかしを置いてまでここに住み続ける必要はあるのかもしれないけど，利便性から考えると住み続ける必要はないのではないかと思う。なぜかかしをおいてまで住み続けるのだろう？	・人口を増やす取り組みはどのようなことをしているのか

評価のポイント

・②の場面について，調べる活動を通して，中国・四国地方の特徴を理解することができているか。
・③の場面について，問いをもって，単元の学習を追究しようとしているか。

11　中国・四国地方

2　焼け野原から復興へ

（1時間構成）

板書

見方・考え方を働かせる授業デザイン

❶【導入】深い学びを生む「問い」（かかわる）

本時の問いへつなぐ発問：（写真を比較して）どんなことがわかるかな？

導入では，戦後の広島市と現在の写真を提示します。2つを比較して，「どんなことがわかるかな？」と問いかけ，気付いたことを

1945年

どうやって復興？

現在

引き出していきます。実際の授業では，戦後の焼け野原の状況から現在は復興していることに着目した発言が多く出されました。本時では，そうした気付きをもとに展開へつなげました。

 本時のねらい

【知識・技能】広島市の復興について話し合うことを通して，交通の側面などをもとにしながら，どのようにして復興したのか理解することができる。

❷ 【展開】社会的事象の意味を見出す協働（つながる）

思考をゆさぶる発問：広島市はどうやって復興したのかな？

展開場面では，主に交通の面から本時の問いを解決できるようにしました。広島市は交通面が整備されたことにより，都市部との結び付きも強くなり，人口も増えていきました。交通をキーワードにしながら，復興とのつながりを話し合いながら見出せるようにしていきます。

キーワード　交通

・道路や橋などの交通網が整備され，運輸がスムーズになり，産業も発達した。
・都市部との結び付きも強くなり，企業の支社・支店が置かれるようになったことで，地方中枢都市としての役割をもつようになった。

❸ 【まとめ】探究的な学びへとつなげるふり返り（創り出す）

探究へつなぐ発問：復興した現在の広島市は課題がないのかな？

　復興を果たした現在の広島市では，焼け野原ではないものの，新たな課題があります。それは，都市化に伴う「ごみ処理場」「水の確保」「交通渋滞」です。中国・四国地方の学習ではありますが，都市化の課題については他の地域でも同じことが言えるため，他地域との共通性を見出す意味で確認しておくとよいと考えます。

評価のポイント

・❷の場面について，交通網の整備と復興のつながりを理解することができているか。
・❸の場面について，都市化に伴う課題を追究しようとしているか。

11　中国・四国地方

3　人口が増加！邑南町の秘密　　(1時間構成)

板書

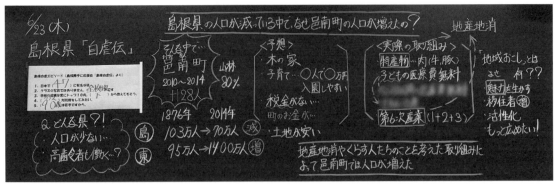

見方・考え方を働かせる授業デザイン

❶【導入】深い学びを生む「問い」（かかわる）

本時の問いへつなぐ発問：島根県全体の人口は減ったのに，なぜ邑南町の人口は増えたの？

　導入では，東京都と比較しながら島根県の人口について確認します。右の資料にあるように，1876年には，東京都よりも島根県の方が人口が多かったことがわかります。現在では，島根県の人口は過去と比べると少なくなっていますが，邑南町という町では，移住者が多くいることがわかります。この点に着目して，本時の問いへつなげました。

	1876年	2019年
東京	95万人 →	1392万人
島根	103万人 →	67万人

しかし・・・
島根県邑南町では2015年〜2019年で移住者が292人の人口増加！

「人口推計」(2020)，
「ほんとうの地域力って何だろう？」(2020) より

本時のねらい

【思考・判断・表現】邑南町の人口が増えた理由について，地域おこしの取り組みに着目して説明することができる。

❷ 【展開】社会的事象の意味を見出す協働（つながる）

思考をゆさぶる発問：島根県の人口は減っているのに，なぜ邑南町の人口は増えているの？

まずは子どもたちに予想させていきます。実際の授業では，「子育て支援」や「税金」に理由が隠されているのではないかとの反応がありました。その上で，ＨＰや映像教材などをもとにしながら調べ活動を行い，地域おこしなどの邑南町ならではの取り組みをもとに，問いの解決を目指しました。

邑南町の取り組み

・「日本一の子育て村構想」…中学卒業まで医療費の無料，第二子から保育料は完全無料という施策を中心に「地域で子育て」をする町を目指している。
・「Ａ級グルメ構想」…農産物をブランド化し，邑南町の農産物を都会に出すのではなく，地元にわざわざ食べに来てもらう仕組みをつくった。

❸ 【まとめ】探究的な学びへとつなげるふり返り（創り出す）

探究へつなぐ発問：「地域おこし」って何だろう？

授業のまとめでは，邑南町の取り組みを通して「地域おこし」という言葉を自分なりに定義づける活動を位置づけました。実際の授業では，「その地域の魅力を生かし，発信すること」などと表現する子がいました。教科書での意味については，自分の目で確認すればわかりますが，言葉を定義づけることにより，実感を伴った理解へとつながると考えます。

評価のポイント

・②の問いについて，邑南町の地域おこしの取り組みをもとに説明することができているか。
・③の問いについて，邑南町の取り組みを通して，自分なりに表現しようとしているか。

2章　見方・考え方を働かせる！中学地理授業づくりの教科書　板書＆展開プラン　115

11　中国・四国地方

4　人口よりも視察者の方が多い町

（1時間構成）

板書

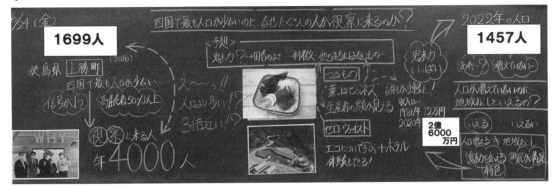

見方・考え方を働かせる授業デザイン

❶【導入】深い学びを生む「問い」（かかわる）

本時の問いへつなぐ発問：（視察者数を伝えた上で）何かおかしいところはあるかな？

　本時で取り上げるのは，徳島県の上勝町です。上勝町は四国地方の全ての町の中で最も人口の少ない町ですが，視察者は年に4000人来ることもあります。そうした事実をもとに本時の問いを生みます。子どもたちとのやりとりを以下に示します。

> T：徳島県の上勝町は四国の全ての町の中で，最も人口が少ない町です。信号は町にひとつ，二人に一人は高齢者です。
> S：住むのが大変そうだ。
> T：（視察者の写真を提示）そんな上勝町ですが，視察者は年に4000人来るそうです。（生徒の反応を見て）何かおかしいところはあるかな？
> S：人口の三倍以上 ?!
> S：こんな人口が少ない町なのに，わざわざ視察へ……？

※板書は「上勝町HP」を参照して作成

本時のねらい

【思考・判断・表現】上勝町での視察者が多い理由について，上勝町が行う地域おこしの取り組みと関連づけて説明することができる。

❷ 【展開】社会的事象の意味を見出す協働（つながる）

思考をゆさぶる発問：四国地方で最も人口が少ない町なのに，なぜたくさんの視察者が来るの？

　本時の問いを解決する上で，上勝町ならではの「つまものビジネス」に着目します。つまものビジネスは，上勝町の自然を生かすとともに，高齢者の方がＩＴ技術を活用し，上勝町の代表的な取り組みとなりました。1986年から2020年にかけて売り上げも

【つまものビジネスの収益】

1986年　　12万円
2020年　　2億6000万円

大きく飛躍しました。また，豊かな自然環境を守るためにごみを減らす，「ゼロ・ウェイスト（Waste＝ゴミ・浪費・無駄の意味）宣言」も上勝町ならではの取り組みのひとつです。

❸ 【まとめ】探究的な学びへつなげるふり返り（創り出す）

探究へつなぐ発問：人口が増えていない上勝町は地域おこしに成功していると言えるの？

　これだけ先進的な取り組みをしている上勝町ですが，2016年の人口は約1600人，2022年は1457人であり，実は人口は増えていません。実際の授業では，ほとんどの子が「魅力を伝えるのが地域おこし」「町民が満足することが大切」などと考え，立派な地域おこしであると結論づける姿が見られました。上勝町で地域おこしに関わる方も，「たとえ1500人以下でも，循環型社会を築ければ持続可能な町になれる」（nippon.com「おばあちゃんたちが主役の『葉っぱビジネス』で年商２億円超え：持続可能な山里を目指し，次なる挑戦へ」）と話しており，上勝町の取り組みはこれからのまちづくりのあり方について示唆を与えてくれています。

評価のポイント

・②の問いについて，上勝町の地域おこしの取り組みをもとに説明することができているか。
・③の問いについて，上勝町の取り組みを通して，自分なりに表現しようとしているか。

12　近畿地方

1　近畿地方ってどんなところ？ （1時間構成）

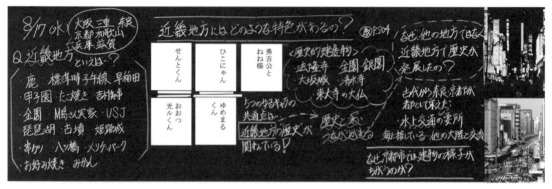

見方・考え方を働かせる授業デザイン

❶【導入】深い学びを生む「問い」（かかわる）

本時の問いへつなぐ発問：5つのゆるキャラの共通点は何かな？

導入では，「せんとくん」「おおつ光ルくん」「ひこにゃん」「ゆめまるくん」「秀吉公とねね様」の5つのゆるキャラを提示します。単元の1時間目では，誰もが参加しやすく，学習に見通しをもてるようにすることを意識しました。これらの共通点は近畿地方の歴史にまつわるゆるキャラというものです。この共通点を探ることを通して，近畿地方の発展は歴史との関連が深いことについて気付かせていきたいと考えます。

本単元では，歴史的特色の側面から近畿地方について学習していきます。生徒にとってみれば，一見ゆるキャラと地理の学習は関係がないように思えるかもしれませんが，身近なものを切り口に単元の本質へとつなげていきます。

本時のねらい

【知識・技能】近畿地方の特徴を表現する活動を通して、近畿地方の歴史的な特徴を理解することができる。

❷ 【展開】社会的事象の意味を見出す協働（つながる）

思考をゆさぶる発問：なぜ他の地方ではなく、近畿地方で歴史が発展したのかな？

展開場面では、他の地方もありながら、なぜ近畿地方で歴史が発展したのかを探ります。近畿地方で歴史が発展した理由のひとつとして、水上交通の要所として栄えたことや、古くから外国との交流があったことなどがあります。

近畿地方と歴史のつながり

・古くから外国との交流があり、平城京や平安京といった都もあった。
・水上交通の要所であり、日本の各地との交流も盛んであった。

❸ 【まとめ】探究的な学びへとつなげるふり返り（創り出す）

探究へつなぐ発問：なぜ東京都と京都府の建物の様子が違うのかな？

授業のまとめでは、東京都と京都府の建物の様子の写真を提示します。東京都と京都府の建物の様子を比較すると、京都府のビルには看板がほとんどないことがわかります。京都府のビルに看板が少ない理由についても、実は歴史的背景と関係があります。本時では、「なぜ東京都と京都府の建物の様子が違うのかな？」について予想した上で、次時の学習へとつなげていきます。

写真提供：京都市

評価のポイント

・❷の場面について、歴史的側面をもとに近畿地方の特徴を理解することができているか。
・❸の場面について、東京都と京都府の建物の様子を通して、学習の見通しをもとうとしているか。

12　近畿地方

2　およそ10年間でこんなに変わったの？　（1時間構成）

見方・考え方を働かせる授業デザイン

❶【導入】深い学びを生む「問い」（かかわる）

本時の問いへつなぐ発問：（京都市の2枚の写真を提示）どんな違いがあるかな？

　導入では，京都市の2枚の写真を提示します。提示する写真は平成19年と平成30年の京都市の四条通の街並みです。2枚の写真を比較すると，平成19年から平成30年にかけて看板の数が減っていることがわかります。看板の数が減ったという事実をもとに，本時の問いへつなげます。

本時のねらい

【思考・判断・表現】京都市の看板の数の変化について，景観保全の視点をもとに説明することができる。

❷ 【展開】社会的事象の意味を見出す協働（つながる）

思考をゆさぶる発問：なぜ高額のお金をかけてまで看板を外したのかな？

展開場面では，景観保全の視点と関連づけて看板が減った理由について考えられるようにしました。実際の授業では，教科書をもとに，市街地景観整備条例に着目しながら説明する子どもの姿が見られました。その上で，看板を外す金額に着目しました。高額なものは外すために1000万円かかったものもあったそうです。それでも看板を外した理由について，当時の京都市長の会見文をもとに考えます。

【桝本京都市長　記者会見（2007.1.30）】

京都市では昭和5年の風致地区の指定以来，全国をリードする京都の景観保全に取り組んでまいりましたが，その姿は大きく変容し，今日なお，しのびよる破壊に歯止めがかからず，最近でもマンション建設が大きな社会問題となったことは皆様ご承知のとおりでございます。新たな景観政策の実施を先に延ばせば，京都のまちは取り返しのつかない事態に陥るとの認識は，今も変わりがなく，私は是非ともやりぬく決意でございます。
京都の景観は公共の財産，すなわち京都市民ひいては国民の共通の財産であります。しかし，この財産はしのびよる破壊によって「待ったなし」の状況に置かれております。「平成の一大事業」ともいうべき新たな景観政策に不退転の決意で取り組むことをお誓いいたします。

❸ 【まとめ】探究的な学びへとつなげるふり返り（創り出す）

探究へつなぐ発問：なぜ歴史を大切にしている京都市で，京町家が失われているのかな？

授業のまとめでは，歴史的な住居である京町家を取り上げます。伝統のある京町家は7年もの間で5000軒，1日にするとおよそ2軒のペースで失われています。歴史を大切にしているはずの京都市で，なぜ京町家が失われているのかについて疑問を生み出し，次時の学習へつなげていきます。

評価のポイント

- ❷の場面について，歴史的背景や条例，京都市民・京都市長の思いをもとに説明することができているか。
- ❸の場面について，京町家の現状を知り，次時の見通しをもとうとしているか。

12 近畿地方

3 どうなる?! 京町家！ (1時間構成)

 板書

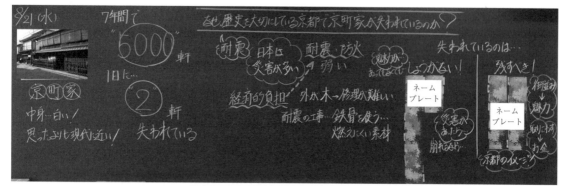

見方・考え方を働かせる授業デザイン

❶【導入】深い学びを生む「問い」（かかわる）

本時の問いへつなぐ発問：なぜ京都市では１日２軒のペースで京町家が失われているの？

　導入では，前時のまとめで触れた京町家の現状について資料をもとに確認します。その上で，なぜ大切な京町家が失われているのかについて予想する時間を位置づけました。実際の授業では，「古いから京都の人たちは必要性を感じ

【京都市の京町家の数】

７年間…約５０００軒が失われる
↓
１日に２軒ペースで失われている

ていないのではないか」「京町家に住んでいる人たちも現代に合った家に住みたいのではないか」などと予想する姿が見られました。

本時のねらい

【思考・判断・表現】京町家の現状とこれからについて話し合うことを通して，歴史や伝統を守ることの大切さとその難しさを踏まえて，自分の考えを述べることができる。

❷【展開】社会的事象の意味を見出す協働（つながる）

思考をゆさぶる発問：京町家が失われるのは…しょうがない？やっぱり残すべき？

展開場面では，前時で学んだ京都市が大切にしてきた歴史の側面をもとに，京町家が失われている現状について話し合います。実際の授業では，観光や経済的な側面から考える姿が見られたとともに，京町家に住む人の立場になって発言する姿が見られました。子どもたちとのやりとりの一部を以下に示します。

S：観光客が多い京都だからこそ，残した方がよいと思う。
S：私もそう思う。一度失われてしまったら戻ってこないので……。
T：残した方がよいという考えが出ましたが，しょうがないという立場の人はどうですか？
S：調べると，保存するために補助も出るみたいだけど，それでも足りないと書いていました。そう考えると，観光のために無理に保存しなさいというのも違うと思う。
S：京町家が自分のものだったら，残したい思いもあると思う。でも，地震や防火の観点からリフォームしなきゃいけないと思うと……失われるのもしょうがないと思う。
S：でも，残したい思いが少しでもあるのだとしたら，二度と戻ってこないのに，無くしてしまうのはもったいない気がする……。

❸【まとめ】探究的な学びへとつなげるふり返り（創り出す）

探究へつなぐ発問：近畿地方の人たちにとって京町家とは？

授業のまとめでは，改めて近畿地方と京町家の関係性について考えます。本時の学びを通して，印象に残ったことなどをもとに自分の考えを整理し，次時の学びへとつなげていきます。

評価のポイント

・❷❸の問いについて，歴史や伝統を守ることの大切さやその課題を踏まえて，自分なりの考えを述べることができているか。

12 近畿地方

4 近畿地方×歴史で見えてくるもの （1時間構成）

子どもが作成した単元のまとめ

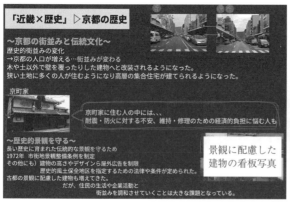

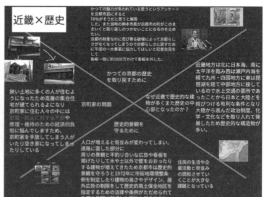

本時のねらい

【思考・判断・表現】近畿地方の特色について，歴史的特色を視点として単元の学びを整理することができる。

❶ 【展開】社会的事象の意味を見出す協働（つながる）

思考をゆさぶる発問：歴史に着目して近畿地方を整理するとどんなことがわかるかな？

本時は，前時までに学んだことを一人ひとりが学びを整理していく時間として位置づけました。子どもたちと確認したのは，「近畿地方×歴史」の視点で単元の学びをまとめることです。まとめる際の小見出しなどについては，単元の学びの中で関心をもった点やふり返りと関わらせながら自分自身で設定できるようにしています。

❷ 【まとめ】探究的な学びへとつなげるふり返り（創り出す）

探究へつなぐ発問：近畿地方の人たちにとって歴史とはどんな存在かな？

授業のまとめでは，自分の考えを記述する時間を設定しました。この単元ならではの学びを自分の言葉で表現することで，その子なりのこだわりを見取ることができるようにしていきます。

・京町家のように，昔の歴史を守るか，それとも費用などの問題をとるか，すごく迷うところだな，と思います。古くから守られてきた家でも，修理が大変なら売ってしまおうかな，と多くの人なら思ってしまうと感じました。しかし，今まで途切れることなく歴史が語り継がれてきたのは，素晴らしいことだなと思います。だからこそ，守る必要があると主張する政府の考えが分からなくもないです。住民の生活と街並みの保全のバランスは，これからも残り続ける課題だと考えます。
・今回近畿地方について学びましたが，色々地方がある中でもすごく昔の文化を大切にしていて長いこと継承している地方だと感じました。特に京都の工芸品や芸術品などは疎い私でも聞いたことがあるようなものがたくさんあって，改めて代々途切れずに続いて今でも残っているのは凄いことだなと思いました。まとめでは建物や街並みを中心にやったので，機会があれば工業とかもまとめられたらいいなと思います。

評価のポイント

・①②の場面について，単元での学びをもとに近畿地方の特色を整理することができているか。

2章　見方・考え方を働かせる！中学地理授業づくりの教科書　板書＆展開プラン　125

13　中部地方
1　中部地方の日本一から見えるもの　　（1時間構成）

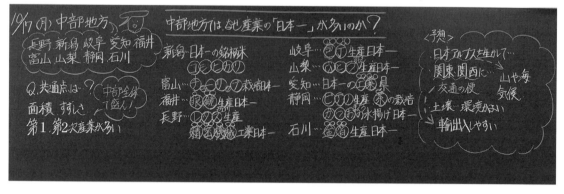

見方・考え方を働かせる授業デザイン

❶【導入】深い学びを生む「問い」（かかわる）

本時の問いへつなぐ発問：中部地方各県の日本一には，どんなものがあてはまるかな？

導入では，中部地方の県名について確認した上で，県に関係する日本一について穴埋めクイズを出します。右の資料に例を提示しましたが，子どもの実態によって柔軟に変更できます。単元の導入であるため，多くの子が参加することができ，どの子も本時だけではなく，単元の学習に見通しをもつことができるようにします。

【中部地方の日本一（例）】
- 新潟：日本一の銘柄米コシヒカリ
- 富山：チューリップ（球根）日本一
- 福井：メガネ生産日本一
- 長野：レタス生産・精密機械工業日本一
- 岐阜：包丁生産日本一
- 山梨：ぶどう生産日本一
- 愛知：日本一の工業生産県
- 静岡：ピアノ出荷量＆生産額・茶の栽培　　　　カツオの水揚げ日本一
- 石川：金箔生産日本一

※板書，導入の資料は各県HPを参照して作成

本時のねらい

【知識・技能】中部地方の特徴を表現する活動を通して，中部地方の産業が盛んであるという特徴を理解することができる。

❷【展開】社会的事象の意味を見出す協働（つながる）

> 思考をゆさぶる発問：クイズから中部地方にはどのような共通点があると言えるかな？

展開場面では，クイズをもとに中部地方の共通点を探っていきます。授業の実際では「ものづくりが盛んである」などの反応が出されました。導入でのクイズの共通点としては，中部地方は産業が盛んであることに気付くことができるようなものにしました。こうして本単元で産業の側面から中部地方の特色を見出せるようにしました。

❸【まとめ】探究的な学びへとつなげるふり返り（創り出す）

> 探究へつなぐ発問：なぜ中部地方では産業の日本一が多いのかな？

授業のまとめでは，展開場面で見出した産業の共通点をもとに，「なぜ中部地方では産業の日本一が多いのか？」という問いを生み出しました。次時以降の学習に向けて，本時では予想をする時間を位置づけました。

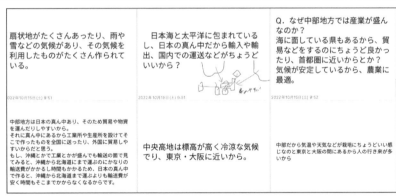

評価のポイント

・❸の場面について，中部地方の産業の側面に着目して，中部地方の特徴を理解することができているか。

13 中部地方

2 深夜に作業を始める理由　　　　　　　　　　　（1時間構成）

見方・考え方を働かせる授業デザイン

❶【導入】深い学びを生む「問い」（かかわる）

本時の問いへつなぐ発問：どんなことがわかるかな？

導入では，長野県川上村のレタスの写真を提示し，川上村の特産品のひとつとして「天空のレタス」と呼ばれるレタスがあることを伝えます。その上で，グラフをもとにレタスの出荷量の多い，長野県と茨城県を比べてみると，茨城県は春と秋（3～4月，10～11月）は出荷量が多く，夏の暑い時期（6～8月）はあまり出荷されません。その違いをもとに疑問を生み出していきます。

【レタスの主な出荷時期】

茨城県…3～4月と10～11月
長野県…6～8月

※実際にはグラフで提示します。

本時のねらい

【知識・技能】長野県のレタスの出荷時期の違いについて，気候の特徴をもとに理解することができる。

❷ 【展開】社会的事象の意味を見出す協働（つながる）

> 思考をゆさぶる発問：なぜ長野県では夏にレタスをたくさん生産しているのかな？

展開場面では，長野県で夏にレタスを多く出荷している理由について考えます。問いを解決する視点として，気候に着目します。長野県，八ヶ岳の裾野に広がる川上村は標高1000mを超える高い位置にあります。一般的に標高が100m高くなると，気温は約1℃下がると言われています。多くの平地や盆地が標高0～200m程度に対し，川上村は1185mのところにあります。夏の平均気温が20℃前後であるという涼しい気候がレタスの生産を支えています。

❸ 【まとめ】探究的な学びへとつなげるふり返り（創り出す）

> 探究へつなぐ発問：なぜレタス農家のAさんは0時30分に作業を始めるのかな？

授業のまとめでは，川上村のある農家の方の時間を取り上げ，レタスの出荷作業の時間が0時30分からであることを確認します。鮮度や交通の視点をもとにしながら，その理由を追究していきます。

評価のポイント

・❷の場面について，高地の気候の特徴をもとに理解することができているか。
・❸の場面について，鮮度や交通の視点から追究しようとしているか。

13　中部地方

3　ビニールハウスで育てる理由　　　　　　　　　　　（1時間構成）

板書

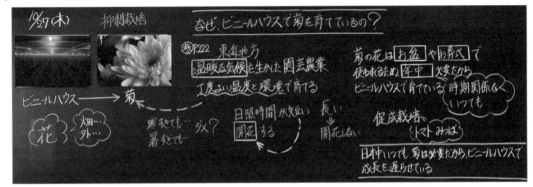

見方・考え方を働かせる授業デザイン

❶【導入】深い学びを生む「問い」（かかわる）

本時の問いへつなぐ発問：ビニールハウスで育てているのは何だろう？

導入では，電照菊の写真を提示します。ビニールハウスで何を育てているのかは明かさずに写真を提示し，子どもたちと以下のようなやりとりをし，本時の問いへとつなげました。

T：（ビニールハウスの写真を提示）ビニールハウスの中の写真です。ビニールハウスで育てているのは何だろう？
S：野菜かな？
S：ビニールハウスといえば，施設園芸農業？
T：（電照菊の写真を提示）育てているのは菊です。この菊を育てるのにビニールハウスでは電気代などで農家一軒あたり約200万円ほどの電気代がかかるそうです。
S：高い！
S：もったいない……。

本時のねらい

【知識・技能】電照菊を育てる理由について，菊の需要や抑制栽培，交通をもとに理解することができる。

❷ 【展開】社会的事象の意味を見出す協働（つながる）

思考をゆさぶる発問：なぜ高いお金をかけてまで，ビニールハウスで菊を育てるのかな？

展開場面では，菊の需要や抑制栽培をもとに，ビニールハウスで菊を育てるのか考えます。導入で触れたように，電照菊の栽培に関わる電気代は高いかもしれないですが，利益も期待できます。特に，抑制栽培により，一年中菊を栽培できるため，安定して出荷できることは大きな強みです。こうした視点を踏まえて，電気代がかかっても電照菊を育てる理由について確認できるようにしていきます。

キーワード①　菊の需要	キーワード②　抑制栽培
・需要が高い時期だけではなく，お葬式の際にも需要があるため，一年中安定して出荷できるようにする必要がある。	・抑制栽培により，開花時期をコントロールすることで，需要が最も多い正月から春の彼岸の間に菊を出荷できる。

❸ 【まとめ】探究的な学びへとつなげるふり返り（創り出す）

探究へつなぐ発問：なぜ地理的な側面からも電照菊の生産にも向いていると言えるのかな？

授業のまとめでは，地理的な側面から電照菊の栽培について考えます。電照菊の生産地である愛知県には名古屋市があるとともに，大消費地である首都圏と近畿地方にも近く，高速道路で結ばれています。地図帳などをもとにしながら，こうした側面に気付くことができるようにします。

評価のポイント

・❷❸の問いについて，菊の需要や抑制栽培，交通を踏まえて理解することができているか。

13　中部地方

4　副業から伝統へ　　　　　　　　　　　　　　　　　　　　　　　（1時間構成）

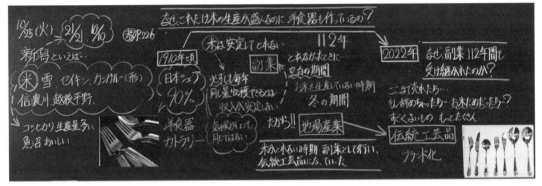

見方・考え方を働かせる授業デザイン

❶【導入】深い学びを生む「問い」（かかわる）

本時の問いへつなぐ発問：新潟県といえば何が思い浮かぶかな？

　導入では，「新潟県といえば何が思い浮かぶかな？」という問いかけを通して，本時の問いの足がかりにしていきます。実際の授業では，学級のほとんどの子が米をイメージしました。その上で，カトラリーの写真を提示します。米だけではなく，新潟県では洋食器の生産が盛んです。すごいのは，ただ有名なだけではなく，日本全体のおよそ90％のシェアを誇っていることです。こうして米に加えて洋食器の生産が盛んな事実をもとに，本時の問いへつなげました。

本時のねらい

【思考・判断・表現】新潟県で洋食器の生産が盛んな理由について，日本海側の気候をもとに説明することができる。

❷ 【展開】社会的事象の意味を見出す協働（つながる）

思考をゆさぶる発問：なぜこれだけ米の生産が盛んなのに，洋食器も作っているの？

　展開場面では，副業という言葉に着目して，本時の問いを解決していきます。新潟県では稲作が盛んですが，日本海側は冬に雪が降り降水量も多いため，稲作はできません。また，稲作が盛んな新潟県でも，稲作は自然相手なので安定した収穫ができない年もあります。こうした理由から冬の間の副業が地場産業として根づいていきました。

新潟県で洋食器の生産が盛んになった理由

・日本海側は冬の降水量が多く，冬の間に行われていた副業が伝統産業になっていった。
・農業などの第1次産業は気候によって不作・不漁のときもあるため，そうした年にも収入を得るために，副業が行われるようになった。

❸ 【まとめ】探究的な学びへとつなげるふり返り（創り出す）

探究へつなぐ発問：なぜ110年以上経った今も副業の文化が受け継がれているのかな？

　授業のまとめでは，副業として始まった産業が1910年頃から現在まで110年以上も受け継がれている事実に着目しました。実際の授業では，「伝統」と「ブランド化」に着目して話をする子どもたちの姿が見られました。新潟県の洋食器は東京オリンピックでも使用されました。時代とともに形を変えながら，そして価値を見出しながら地場産業になっていった証です。過去と現在のつながりから，受け継がれる理由について考えます。

評価のポイント

・❷の問いについて，日本海側の気候の特徴を踏まえて説明することができているか。
・❸の問いについて，現代とのつながりを踏まえて，伝統産業を追究しようとしているか。

14 関東地方

1 東京都ってどんな場所？

(1時間構成)

見方・考え方を働かせる授業デザイン

❶【導入】深い学びを生む「問い」（かかわる）

本時の問いへつなぐ発問：東京都の地名や建築物といえば何を思い浮かべるかな？

　本単元では，関東地方の中でも東京都に着目して関東地方の特色を見出せるようにしました。もちろん関東地方について学ぶ単元ですので，東京都だけに終始していては関東地方の特色を見出すことは難しいです。そのため，東京都を中心に取り上げつつも，東京都をきっかけとして関東地方の各県とのつながりを見出せるように本単元をデザインしました。

　導入では，「東京都の地名・建築物」をテーマに古今東西ゲームを行いました。他の単元同様に，単元の１時間目には，誰もが参加しやすいことをテーマに学習活動を取り入れています。東京都は訪れたことのある子どもも多く，たくさんの子にとって馴染みのある場所です。このゲームで話題にした言葉を実際に単元の中で触れる機会を意図的に位置づけていくことで，子どもの学ぶ意欲へとつなげることも可能です。

本時のねらい

【知識・技能】東京都の特徴を表現する活動を通して、関東地方の特徴を理解することができる。

❷ 【展開】社会的事象の意味を見出す協働（つながる）

思考をゆさぶる発問：「東京都は？の中心」の「？」には何があてはまるかな？

展開場面では、個人で東京都の全国一位を調べる活動を位置づけました。子どもたちは、インターネットなどを通じて、あらゆる全国一位を探してくるはずです。その上で、「東京は？の中心」と黒板に板書します。子どもたちが調べた全国一位をもとに、「？」に何があてはまるのか考えます。「？」には、「日本」「経済」「情報」など、こちらも多様な言葉があてはまります。こうして東京都の特徴を見出せるようにしていきます。

> 「東京は ? の中心」
>
> 「?」にはどんな言葉が当てはまるだろう？

❸ 【まとめ】探究的な学びへとつなげるふり返り（創り出す）

探究へつなぐ発問：なぜKさんは東京都で農業をすることを選んだのかな？

授業のまとめでは、東京都の全国ワースト一位を調べます。いくつか調べたことを共有した後に、東京都は農業産出額は234億円と全国の中でも少ない事実を確認します。その上で、あえて東京都で農業を営むKさんを取り上げます。子どもたちは「農業産出額が少ない＝農業に向いていない」と考えました。農業に向いていないかもしれない東京都で、なぜKさんは農業をすることを選んだのか問いを生むことができるようにしました。

> 東京では…
> 農業従事者：7974人（2020年）
> 　　　　　　（北海道：70643人）
> 農業産出額：234億円（2019年）
> 　　　　　　（北海道：1兆2558億円）
> ↓それなのに…
> なぜKさんは東京で農業をすることを選んだのか？

「生産農業所得」(2019)、「東京都の統計」(2015) より

評価のポイント

・❷❸の場面の活動を通して、東京都の特徴を理解することができているか。

14　関東地方

2　東京都で農業を営むKさん

（1時間構成）

板書

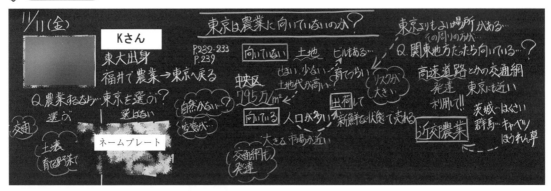

見方・考え方を働かせる授業デザイン

❶【導入】深い学びを生む「問い」（かかわる）

本時の問いへつなぐ発問：自分が農業をするとしたら，東京都を選びますか？

導入では，前時の学びをもとにしながら，自分が農業をする際に東京都を選ぶかどうか問いました。子どもたちとのやりとりの一部を以下に示します。

T：みんなが農業をするとしたら，東京都を選ぶかな？　ネームプレートで立場を選びましょう。
（選ばない）
S：自然や農業できる場所があまり多くないから，他の場所を選ぶ。
S：東京の都市部は交通量も多いから，農作物にとってよい環境ではないんじゃないかな？
S：自分の故郷だったら少し迷うけど，そうじゃなきゃあえて選ばないと思う。
（選ぶ）
S：交通が発展しているから，輸送の面では東京がよいと思う。
S：育てる野菜を選べば，東京でも上手く育つと思う。

本時のねらい

【思考・判断・表現】関東地方で農業をする利点について，交通の側面と関連づけながら説明することができる。

❷ 【展開】社会的事象の意味を見出す協働（つながる）

思考をゆさぶる発問：東京都は農業に向いていないのかな？

　展開場面では，根拠を明らかにして本時の問いを追究できるようにしました。調べていくと，授業の始めには「選ばない」と考えていた子も，東京都で農業をすることの利点について気付く姿が見られました。後述するように，授業のまとめで関東地方の話題を取り上げるため，展開場面では，東京都が農業に向いているのかという視点で話し合いを進めました。

向いている	向いていない
・東京都は人口が多く，消費してくれる人がたくさんいる。 ・東京都で野菜はあまり生産されていないからこそ，新鮮な野菜に需要がある。	・中央区の１㎡あたりの土地の値段は837万円（2024年）であり，土地代が高い。 ・土地代を考えると，野菜の単価が高くなってしまい，リスクが大きい。

❸ 【まとめ】探究的な学びへとつなげるふり返り（創り出す）

探究へつなぐ発問：東京都だけではなく，関東地方であれば農業に向いていると言えるかな？

　展開場面の後半で，話し合いを通して東京都が農業に「向いているか」「向いていないか」子どもに確認したところ，向いていないと考える子どもの方が多い現状でした。そこで，「関東地方だったら農業に向いていると言えるのかな？」と問いかけることで，視点を変えて子どもたちの考えを引き出しました。子どもたちは，交通の側面と関連づけて近郊農業のよさについて説明することができていました。

評価のポイント

・❷の場面について，東京都の実態をもとに農業に向いているか説明することができているか。
・❸の場面について，交通の側面などの関東地方の特色を踏まえて説明しようとしているか。

14 関東地方

3 どうして東京都で農業をするのか？

（1時間構成）

板書

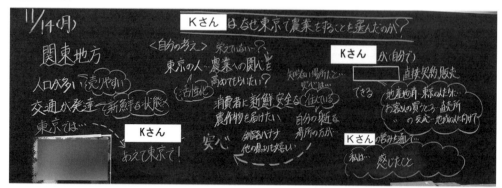

見方・考え方を働かせる授業デザイン

❶【導入】深い学びを生む「問い」（かかわる）

本時の問いへつなぐ発問：（前時の学びをふり返って）気になることはあるかな？

導入では，前時の学びをふり返り，Kさんの営みについて改めて考えていきます。子どもたちと以下のようなやりとりをし，本時の問いへとつなげました。

T：東京都ではなく，関東地方で農業をするのはいいと言う人がたくさんいたけれど，どうしてだっけ？
S：人口が多いからたくさんの人に買ってもらえる。
S：交通網が整備されているから，茨城や栃木から消費地へ運びやすい。
T：でも，Kさんが農業をするのは東京都だよね。改めて，気になるところを近くの人と話しましょう。
（話し合い）
S：なんで茨城でもなく栃木でもなく東京で農業をするのかな？

本時のねらい

【思考・判断・表現】Kさんが東京都で農業をする理由について、生産者と消費者の思いを関連づけながら説明することができる。

❷【展開】社会的事象の意味を見出す協働（つながる）

思考をゆさぶる発問：なぜKさんは東京都で農業をすることを選んだのかな？

展開場面では、Kさんが東京都で農業をする理由について追究していきます。前時の学びやKさんがテレビに出演した際の映像資料などを手がかりにしながら、Kさんに思いを馳せて学習を進めることができるようにしました。実際の授業では、「自分だったら……」のように自分と消費者を重ね合わせて自分の考えを述べる姿が見られました。

❸【まとめ】探究的な学びへとつなげるふり返り（創り出す）

探究へつなぐ発問：インタビューの「？」にはどんな言葉があてはまるかな？

授業のまとめでは、インタビューの中でKさんが語った「自分で ？ できること」の「？」にあてはまる言葉を想起する活動を通して、単元の学びを締めくくりました。「？」にあてはまる言葉は「直接販売や契約」です。東京というまちであっても、直接顔を見てやりとりしながら消費者に安心感を届けたいというKさんの思いに触れることで、自分なりに学びを深める姿が見られました。

評価のポイント

・❷❸の問いについて、生産者と消費者の思いを関連づけて説明することができているか。

15　東北地方
1　東北地方ってどんなところ？
（1時間構成）

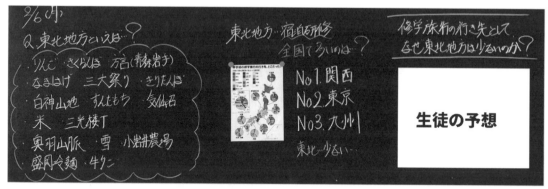

見方・考え方を働かせる授業デザイン

❶【導入】深い学びを生む「問い」（かかわる）

本時の問いへつなぐ発問：東北地方といえば何を思い浮かべるかな？

導入では，東北地方のイメージを共有できるような学習活動を設定しました。どの学級でも，真っ先に子どもたちから出てくるものとして，食べ物では「りんご」「牛タン」，行事では「なまはげ」，場所では「白神山地」などでした。子どもたちとイメージを共有することで，徐々に学習の本質に迫ることができるようにしていきます。

140

　**本時のねらい**

【主体的に学習に取り組む態度】修学旅行の行き先について話し合う活動を通して，単元の問いを見出し，自分なりの考えを記述できる。

❷【展開】社会的事象の意味を見出す協働（つながる）

思考をゆさぶる発問：中学校の修学旅行の行き先はどこが多いのかな？

展開場面では，中学校の修学旅行の行き先を切り口に単元の問いへつなげていきます。子どもたちの予想として挙げられたのは東京都や大阪府です。ある程度予想を出した上で，正解を確認していきます。その際に大切なのは，順位だけはなく割合も確認することです。1位の関西地方が35％であるのに対し，東北地方は6.4％です。その差をもとに，単元の問い「修学旅行の行き先として，なぜ東北地方が少ないのか？」へつなげていきます。

中学校修学旅行行き先ランキング
1位　関西地方…35.0％
2位　東　　京…20.1％
3位　九州地方…16.5％
・
・
・
東北地方…6.4％！

Jタウンネット「結果発表！地方別『修学旅行の行き先』，あなたはどうだった？」より

❸【まとめ】探究的な学びへとつなげるふり返り（創り出す）

探究へつなぐ発問：修学旅行の行き先として，なぜ東北地方が少ないのかな？

授業のまとめでは，単元の問いに対する予想を自分なりに記述する時間を設けます。実際の授業で多くの子どもたちは，距離の問題に着目しました。しかし，関東地方から山形県は比較的に距離が近いにもかかわらず，行き先に選ばれていないことに気付き，疑問をもつ姿が見られました。こうした子どもの疑問も追究のエネルギーにしながら次時の学習へつなげていきます。

　評価のポイント

・②③の場面について，中学校修学旅行行き先ランキングをもとに，単元の問いを見出し，学習を追究しようとしているか。

15 東北地方

2 かたちを変える伝統工芸品 （1時間構成）

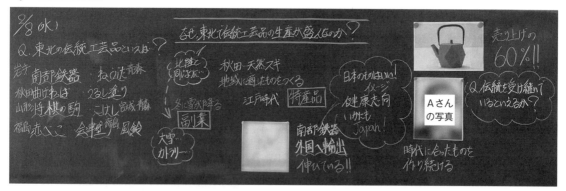

見方・考え方を働かせる授業デザイン

❶ 【導入】深い学びを生む「問い」（かかわる）

本時の問いへつなぐ発問：東北地方にはどんな伝統工芸品があるのかな？

導入では、『桃太郎電鉄 教育版 Lite 〜日本っておもしろい！〜』を通して、東北地方の伝統工芸品を確認します。単に楽しむだけではなく、学習内容と関連づけることで、活用できる知識へとつながっていきます。教育版では、地方ごとの選択をすることもできるので、短時間での活動に活用することもできます。

本時のねらい

【思考・判断・表現】東北地方で伝統工芸品が根づいた理由について，気候や歴史的背景と関連づけて説明することができる。

❷【展開】社会的事象の意味を見出す協働（つながる）

思考をゆさぶる発問：なぜ東北地方で伝統工芸品の生産が盛んなのかな？

展開場面では，東北地方で伝統工芸品が多く生産されている理由について考えます。子どもたちから「気候」と「歴史的背景」の視点を引き出しながら問いの解決を目指します。特に，「気候」の視点は中部地方で伝統工芸品が根づいている理由と関連しているため，既習事項を生かしながら学ぶことができます。

キーワード① 気候	キーワード② 歴史的背景
・東北地方は農業が盛んなため，農業ができない冬の間の副業が伝統工芸品へとつながった。	・地域によって特産品が江戸時代から作られていた。

❸【まとめ】探究的な学びへとつなげるふり返り（創り出す）

探究へつなぐ発問：カラフルな南部鉄器は伝統を受け継いでいると言えるのかな？

授業のまとめでは，南部鉄器の海外への輸出が増えていることを確認します。子どもたちはこの段階では，その理由に気付いていないと考えます。そこで，カラフルな南部鉄器の写真を提示すると，子どもたちは現代版にかたちを変えた南部鉄器が海外で人気であることに気付きます。しかし，そうした南部鉄器は古くから受け継がれているものとはかたちは違います。このような事実をもとに，「カラフルな南部鉄器は伝統を受け継いでいると言えるのかな？」と問うことで，歴史を受け継ぐということの意味や価値について考えられるようにします。

評価のポイント

・②③の場面について，気候や歴史的背景と関連づけて説明することができているか。

15 東北地方

3 豊作への祈りと祭り　　（1時間構成）

板書

見方・考え方を働かせる授業デザイン

❶【導入】深い学びを生む「問い」（かかわる）

本時の問いへつなぐ発問：東北三大祭りにはどんな共通点があるかな？

導入では、写真とともに、東北三大祭りを確認します。各県でPR用の映像が作成されているので、それらを視聴することで多くの子がイメージできると考えます。東北三大祭りについて確認をした上で、共通点に着目していきます。実際の授業では、板書に「全て　？　に行われ

ている」と書いて穴埋めにしてヒントを与えました。「？」にあてはまるのは、夏（8月）です。東北三大祭りは全て8月に行われていますが、本時ではどうして東北三大祭りが同じような時期に行われているのかに着目し、問いへつなげられるようにしました。

本時のねらい

【知識・技能】東北三大祭りが夏（8月）に行われる理由について話し合うことを通して，冷害や豊作への願いを理解することができる。

❷ 【展開】社会的事象の意味を見出す協働（つながる）

> 思考をゆさぶる発問：なぜ東北の大きなお祭りは夏に行われているのかな？

展開場面では，東北地方の気候と農業を関連づけながら，問いを解決していきます。主に冷害をもとに話し合いは進むと考えますが，東北地方の人たちは「はえぬき」などの米の名前にも表れているように，冷害に対する研究もしています。問い返しを通して，そうした視点も引き出せると子どもたちの考えは深まると考えます。以下に，実際のやりとりを示します。

> S：東北では，やませによってお米がとれなくなってしまうことがあるかもしれないから，そうならないように夏にお祭りをしているのだと思う。
> T：やませ？　他の人はどうかな？
> S：やませは冷たく湿った北東の風のことで，冷害のもとになると教科書にも書いている。
> S：例外がなく，無事農作物が育ちますようにという願いがお祭りに込められているんだと思います。
> T：みんなが言ったことを踏まえると，「祈り」でよいお米を育てているということかな？
> S：間違ってはいないけど，ちょっと違う！
> S：「はえぬき」のように，寒さに負けない米づくりもしているので，品種改良も祭りもどちらも行っているのだと思う。

❸ 【まとめ】探究的な学びへとつなげるふり返り（創り出す）

> 探究へつなぐ発問：品種改良が行われているのに，なぜお祭りを続けているのかな？

前述した子どもの発言にもあるように，現代は品種改良も進み寒さに負けない品種も生まれてきています。それでも祭りが受け継がれている理由について，観光や伝統などの視点から多面的に考えます。

評価のポイント

・②の問いについて，東北地方の気候を踏まえて理解することができているか。

2章　見方・考え方を働かせる！中学地理授業づくりの教科書　板書＆展開プラン　145

15 東北地方

4　修学旅行先として東北をPRしよう！　　（1時間構成）

子どもが作成した単元のまとめ

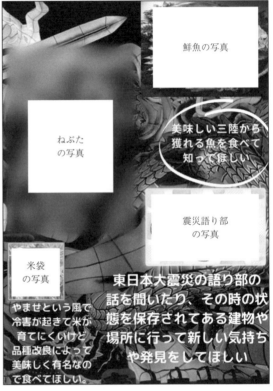

本時のねらい

【思考・判断・表現】東北地方の特色について，生活・文化を視点として単元の学びを整理することができる。

❶ 【展開】社会的事象の意味を見出す協働（つながる）

思考をゆさぶる発問：修学旅行先として東北をＰＲするとしたら何をＰＲしたらよいかな？

本時は，単元の１時間目の学びに立ち戻り，「東北地方を修学旅行先として選んでもらうために，ＰＲするチラシを作成しよう！」というテーマを設けて学習を進めました。単元の中で子どもたちは，伝統文化の例として伝統工芸品や祭りについて学ぶとともに，なぜそれらが受け継がれているのか学んできました。子どもたちにとって印象に残ったことをきっかけとして，Canvaを使用してポスターの作成を行いました。

❷ 【まとめ】探究的な学びへとつなげるふり返り（創り出す）

探究へつなぐ発問：東北地方で魅力的な修学旅行にするには，どの時期がふさわしいだろう？

チラシを作成するとともに，修学旅行に推薦する時期とその理由を記述する活動も設けました。子どもたちはチラシを作成する中で，さまざまな見方・考え方を働かせています。そうした子どもの思考を見取るために，一枚のシートで自分の考えを記述できるようにしました。

> **一番魅力的な旅になり、修学旅行（宿泊研修）に行く学校を増やす時期や内容は？**
>
> 私が選ぶ最適な時期
> 夏
>
> 理由
>
> 東北の祭りを見てほしいため
> ねぶた祭り・七夕祭り・竿燈祭りの東北三大祭りを主にして自分の足で歩いて見てほしい。
> また東日本大震災で三陸から魚は獲れるけど全国のみんなに放射線の心配から食べられないんだけど、三陸の魚は美味しいというのを知ってほしいし、放射線は無いよといわれているのにまだ残っていると決めつけているのは良くないし、日本全国の魚を食べてみたいという気持ちにもさせたい。
> また東北は米も有名なので食べてみてほしい。東北の郷土料理を食べて色々な文化や伝統を知ってもらう。
> 東日本大地震の語り部の人の話を聞いたり、まだその時の状態で残っている建物を見学できる。実際見たり聞いたりして新たな気持ちが生まれてくるかも。

 評価のポイント

・①②の場面について，単元での学びをもとに東北地方の特色を整理することができているか。

16　北海道地方

1　今じゃ考えられない?! 開拓当時の北海道！（1時間構成）

板書

見方・考え方を働かせる授業デザイン

❶【導入】深い学びを生む「問い」（かかわる）

本時の問いへつなぐ発問：北海道でどんな食材がとれるのかな？

　導入では，食を切り口に北海道のイメージを膨らませていきます。全体で共有する際には，子どもの発言と地図帳に記載されているイラストを関連づけていくことで，空間的な見方・考え方を培うことにもつながっていきます。

　子どもたちと北海道の食材について確認後，日本の食料自給率と北海道の食料自給率を比較する活動を位置づけます。食材の多さから子どもたちは食料自給率が高いと考えますが，日本と比較することで，よりインパクトを与えることができます。

食料自給率（令和元年）
日　本…38%
北海道…216%
→日本の5倍以上！

農林水産省「都道府県別食料自給率の推移（カロリーベース）」より

本時のねらい

【知識・技能】北海道の食料自給率が高い理由について、面積や気候をもとに理解することができる。

❷ 【展開】社会的事象の意味を見出す協働（つながる）

思考をゆさぶる発問：なぜ北海道の食料自給率は高いのかな？

展開場面では、北海道の面積の広さや気候をもとに問いを解決していきます。北海道では面積の広さゆえに多様な自然環境も見られます。こうして見方・考え方を子どもたちから引き出しながら話し合いを進めていきます。

キーワード①　面積の広さ	キーワード②　気候
・面積が広く、農業に使用できる土地が多い。 ・広い面積を生かして内陸では稲作や酪農、海沿いでは漁業などさまざまな産業ができる。	・地域により気候が違うため、その土地に合った農業を行うことができる。

❸ 【まとめ】探究的な学びへとつなげるふり返り（創り出す）

探究へつなぐ発問：過酷な環境で北海道の人たちはどのように生活してきたのかな？

授業のまとめでは、開拓当時の苦労を写真や当時の証言をもとに確認していきます。開拓当時の様子は、冬の朝は毛布が凍るなど、相当過酷なものだったと言われています。そうした事実をもとに、単元の問いである「過酷な環境で北海道の人たちはどのように生活してきたのか？」へつなげていきました。

【開拓当時の様子は…】
・冬は朝起きると毛布が凍っている
・土地を切り拓くには、樹齢100年もの樹木を切らなければいけない
・外に出れば、ツキノワグマの倍以上の大きさのヒグマが狙っている

こうした状況でどのように生活してきたのか？

評価のポイント

・❷❸の場面について、面積や気候などの地理的環境をもとに理解することができているか。

16　北海道地方
2　米がよくとれるのはどんな場所？　　　（1時間構成）

見方・考え方を働かせる授業デザイン

❶【導入】深い学びを生む「問い」（かかわる）

> 本時の問いへつなぐ発問：何のランキングかな？

　導入では，右のようなランキングを提示します。アジア州の国々で農業をしている写真を見せると子どもたちは「米の生産量」と関係していることに気付きます。その後，5つの国々の共通点を探っていきます。これらの国々の共通点は熱帯に位置していることです。現在，北海道は新潟県と並ぶほどの米どころとなっていますが，気候は冷帯です。こうした認識のずれをもとに，本時の問いへつなげました。

Q.何のランキングかな？
1位　中国
2位　インド
3位　バングラデシュ
4位　インドネシア
5位　ベトナム

北海道は冷帯なのに、米がよくとれる…？

総務省統計局「世界の統計2024」より

本時のねらい

【知識・技能】北海道で稲作が盛んな理由について，品種改良や政府の政策をもとに理解することができる。

❷【展開】社会的事象の意味を見出す協働（つながる）

思考をゆさぶる発問：なぜ冷帯の北海道で米がよくとれるのかな？

展開場面では，冷帯の北海道において稲作が盛んな理由を追究していきます。考える際の視点は品種改良と政府の政策です。明治政府の政策では，当時の国家予算が4000万円であったのに対し，北海道で稲作をする環境の整備のために1000万円を費やしたと言われています。こうした視点をもとにしながら，問いの解決へつなげていきました。

キーワード① 品種改良	キーワード② 政府の政策
・米がよくとれる他の地域に比べて北海道は寒い環境でも育つように品種改良を重ねてきた。	・北海道で稲作が盛んな場所も泥炭地であったが，日本として米が必要となったため，多くの予算が投じられた。

❸【まとめ】探究的な学びへとつなげるふり返り（創り出す）

探究へつなぐ発問：北海道東部（道東）の人たちはどのように生活してきたのか？

品種改良の成果もあり，石狩や上川は北海道において稲作の中心を担う地域となりました。しかし，北海道東部は石狩や上川のように夏も気温が上がらないことに加え，湿地でもあるため，稲作に向かない環境でした。この事実を確認し，北海道東部の人たちがどのように生活したのか自分の考えを記述しました。

評価のポイント

・❷の場面について，品種改良や政府の政策をもとに理解することができているか。
・❸の場面について，北海道東部の人たちがどのように生活してきたのか，現在の産業と関連づけるなどしながら考えようとしているか。

2章 見方・考え方を働かせる！中学地理授業づくりの教科書 板書&展開プラン 151

16 北海道地方

3 北海道東部の人たちが選んだ道は？！ (1時間構成)

見方・考え方を働かせる授業デザイン

❶ 【導入】深い学びを生む「問い」（かかわる）

本時の問いへつなぐ発問：（グラフを提示して）どんなことがわかるかな？

　導入では，北海道東部が見出した活路について，イメージをつかむことができるようにしました。一般的には，冬の時期にしかかきは食べられませんが，北海道東部に位置する厚岸町では，一年中かきが生で食べられます。そうした厚岸町の特色についてグラフを提示することにより，気付くことができるようにし，本時の問いへとつなげました。

かきが生で食べられる期間

	1月	2月	3月	4月	5月	6月	7月	8月	9月	10月	11月	12月
広島	■	■	■								■	■
宮城	■	■	■	■	■						■	■
厚岸	■	■	■	■	■	■	■	■	■	■	■	■

本時のねらい

【思考・判断・表現】厚岸町で一年中かきがとれる理由を話し合うことを通して，寒さを生かした漁業を行っていることを説明することができる。

❷ 【展開】社会的事象の意味を見出す協働（つながる）

思考をゆさぶる発問：なぜ厚岸町では一年中かきがとれるのかな？

展開場面では，北海道の寒さと漁業を関連づけたり，広島県や宮城県との違いに着目したりしながら問いを追究する姿が見られました。以下に，実際のやりとりを示します。

S：広島や宮城との違いは，やっぱり寒さだから，寒さが関係していると思う。
S：冬が旬のかきは寒い方が育ちやすいんじゃないかな？
T：本当に寒いとかきが育ちやすいと言えるのかな？
S：グラフを見ると，広島より気温が低い宮城では，4月もかきがとれている。
S：かきは夏の水温が20℃を超えるくらいで，秋は20℃以下が条件みたいだよ。
S：親潮の影響で夏の海も本州に比べたら水温が低いから，やっぱり厚岸町の海が育ちやすい環境だと思う。

❸ 【まとめ】探究的な学びへとつなげるふり返り（創り出す）

探究へつなぐ発問：すでにかきがとれるのに，なぜNさんは新たなかきを生み出したの？

授業のまとめでは，かきを養殖するNさんの営みを共有します。Nさんは厚岸町のかきの中で大きな割合を占める「マルえもん」がある中で，1999年に「カキえもん」という新しいかきの養殖を始めます。しかし，新しく「カキえもん」の養殖を始めたにもかかわらず，そのシェアは現在で13%ほどです。こうした事実をもとに問いを生み出し，次時へつなげていきます。

【厚岸町のかきのシェア】

• マルえもん：約80%
• カキえもん：約13%

もともとかきがとれるのに、どうしてNさんは新しいかきを生み出したのかな？

評価のポイント

・②の問いについて，北海道の気候を生かしているという視点を踏まえて説明することができているか。

2章 見方・考え方を働かせる！中学地理授業づくりの教科書 板書＆展開プラン 153

16　北海道地方

4　手間もリスクもある「カキえもん」を育てるNさん （1時間構成）

板書

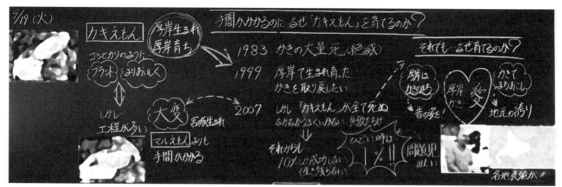

見方・考え方を働かせる授業デザイン

❶【導入】深い学びを生む「問い」（かかわる）

本時の問いへつなぐ発問：出荷までの工程にはどんな違いがあるかな？

4時間目には，厚岸町で「カキえもん」というブランド牡蠣を養殖するNさんの営みを取り上げます。導入では，厚岸町のかきで多くの割合を占める（マルえもん）とNさんが育てるブランド牡蠣（カキえもん）の工程を比較する活動を位置づけることで，ブランド牡蠣を育てることの手間に気付かせ，本時の問いへつなげました。

①マルえもん…出荷まで約1年
②カキえもん…出荷まで約3年
※実際には出荷までの工程を写真で提示しました

本時のねらい

【思考・判断・表現】厚岸町で「育てる漁業」が行われる理由について，漁獲高の変化や漁業・地域の持続可能性と関連づけて説明することができる。

❷ 【展開】社会的事象の意味を見出す協働（つながる）

思考をゆさぶる発問：手間がかかるのに，なぜNさんはカキえもんを育てるのかな？

「カキえもん」は，3年間の養殖の過程で10％ほどしか生き残らないほど生産が難しいかきです。それでも「カキえもん」を育てる理由として，2つあります。1つ目は昔から厚岸町はかきが有名だったが乱獲により絶滅したため，再び厚岸生まれのかきを取り戻したいというNさんの思い，2つ目はかきを通してまちおこしにつなげることです。Nさんの思いと社会的事象を関連づけながら問いを解決することを目指しました。

❸ 【まとめ】探究的な学びへとつなげるふり返り（創り出す）

探究へつなぐ発問：（地図を提示して）●は何を表しているのかな？

本時のまとめでは，●のついた右の地図を提示します。●は北海道において養殖している場所を表します。北海道では，排他的経済水域が定められて以降，とる漁業が下火になりましたが，養殖に力を入れることで，持続可能な漁業が目指されるようになりました。厚岸町のような育てる養殖が北海道で各地で行われていることについて確認します。

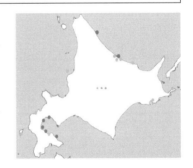

評価のポイント

・❷❸の問いについて，漁獲高の変化や漁業・地域の持続可能性と関連づけて説明することができているか。

16　北海道地方

5　漁師が森にいる?!

(1時間構成)

板書

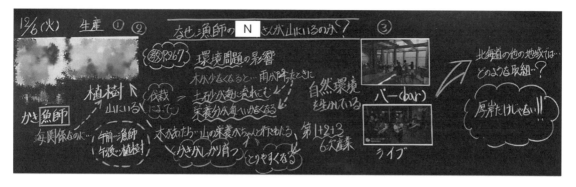

見方・考え方を働かせる授業デザイン

❶【導入】深い学びを生む「問い」(かかわる)

本時の問いへつなぐ発問：Nさんの写真を見て何か気付いたことはあるかな？

　導入では，前時のNさんの牡蠣漁師としての取り組みをふり返った上で，Nさんが植樹している写真を提示します。子どもたちとのやりとりを以下に示します。

T：Nさんは牡蠣漁師として，こだわりをもって「カキえもん」を育てていますが，こんなこともしています。(植樹している写真を提示) Nさんの写真を見て，何か気付いたことはあるかな？
S：山にいる？
S：植樹しているんじゃない？
T：山？　でも，Nさんは漁師だよ？
S：仕事をかけもちしている？
S：山と海はつながっていると聞いたことがあるから，かきによい影響があるんじゃ……？

本時のねらい
【思考・判断・表現】Nさんの植樹や飲食業を行う理由について，持続可能性や6次産業化とのつながりをもとに説明することができる。

❷【展開】社会的事象の意味を見出す協働（つながる）

> 思考をゆさぶる発問：なぜ漁師のNさんが山にいるのかな？

展開場面では，Nさんが植樹をする理由について，環境保全の視点から考えます。小学校では，森林の単元において「森は海の恋人」について学んでいるため，そうした既習事項も踏まえながらNさんが植樹をする理由について話し合います。その後，Nさんがbarの経営や音楽ライブをする様子を写真で提示し，植樹の他の取り組みを紹介します。Nさんのさまざまな取り組みを見ていくことで，多面的に考える姿を引き出していきます。

植樹をする理由	barを経営したりライブをしたりする理由
・山の木が少なくなってしまうと，土砂が海に流れ込んでしまう。 ・森林を守ることで，海に養分を供給する。	・かきの養殖をもとにした他の取り組みを行うことで，地域おこしや6次産業化へつなげていく。

❸【まとめ】探究的な学びへとつなげるふり返り（創り出す）

> 探究へつなぐ発問：北海道では（自然環境を生かした取り組みは）厚岸町だけで行われているのかな？

授業のまとめでは，厚岸町のNさんの取り組みを北海道における他の地域の取り組みへとつなげていきます。本単元では，自然環境を中核とした考察を行ってきました。そこで，厚岸町だけではなく，北海道の他の地域において自然環境を生かした取り組みについて共有していきました。

【自然環境を生かした北海道のイベント】
- さっぽろ雪まつり
- 霧フェス
- 流氷観光船
- ひがしもこと芝桜まつり
- なかふらのラベンダーまつり
- 登別地獄まつり
- 五稜郭公園 夜桜ライトアップ

評価のポイント
・❷❸の場面について，持続可能性や地域おこしの取り組みと関連づけて説明することができているか。

おわりに

　私が教員として初めて教科担任を受け持った頃のことを思い返すと，子どもたちとの授業の中で多くの悩みや葛藤を抱えていた日々がよみがえります。時間をかけて計画した授業が思うように子どもたちに響かず，発言するのは毎回決まった数名だけ。熱心に取り組んでいるつもりでも，どこか子どもたちとの距離を感じる授業ばかりでした。

　当時の私は，「子どもにとって本当に学びがいのある授業とは何か」を深く考えることなく，形式的に授業を進めていたのだと思います。授業内容に関係のない雑談で場を和ませようとしたり，楽しい雰囲気さえあればいいと考えたりしていたこともありました。しかし，その姿勢では本当に心を動かされる学びにはつながらないことに気付かされたのです。

　そんな中で，先輩方の授業を見る機会が私の転機となりました。先輩方に共通していたのは，子どもたちが自然と授業に引き込まれ，教科の本質に触れる学びを体験していたことです。その姿を目の当たりにし，私は「よい授業」を目指す決意を新たにしました。自分の授業を見てもらい，アドバイスを受けながら改善を重ねる日々。そして，社会科を中心に多くの教育書に触れる中で，授業研究の大切さに気付きました。この体験が，現在の私の実践の原点となっています。

　本書が，多くの先生方の日々の授業づくりの参考となり，少しでも新しい視点や気付きを提供できれば，これ以上の喜びはありません。私自身もまだまだ未熟であり，よりよい授業を追究するために学び続けていきたいと思っています。本書を手に取ってくださった先生方が，「こんな風に授業をアレンジしてみました」といったご意見や実践の報告をしてくださる日が訪れることを心から願っています。

　最後に，本書の発行にご尽力いただいた及川誠さん，校正を手がけてくださった編集部のみなさん，そしてこれまでご指導いただいた全ての先生方に，心より感謝申し上げます。

澤田　康介

参考文献一覧

- 上田薫著『ずれによる創造：人間のための教育』黎明書房，1990年
- 安井俊夫著『歴史の授業 108時間　上』地歴社，1990年
- 宗實直樹著『深い学びに導く社会科新発問パターン集』明治図書出版，2021年
- 中村祐哉著『板書＆問いでつくる「社会科×探究」授業デザイン』明治図書出版，2022年
- 宗實直樹著『社会科の「つまずき」指導術　社会科が面白いほど好きになる授業デザイン』明治図書出版，2021年
- 有田和正著『指導力アップ術④　学習技能を鍛えて「追究の鬼」を育てる』明治図書出版，2003年
- 藤井千春著『「問題解決学習」のストラテジー』明治図書出版，1996年
- 由井薗健・粕谷昌良監修／小学校社会科授業づくり研究会編著『小学校社会科 Before&After でよくわかる！ 子どもの追究力を高める教材 & 発問モデル』明治図書出版，2017年
- 由井薗健著『一人ひとりが考え，全員でつくる社会科授業』東洋館出版社，2017年
- 川端裕介著『川端裕介の中学校社会科授業　見方・考え方を働かせる発問スキル50』明治図書出版，2021年
- 大津和子著『社会科＝1本のバナナから』国土社，1987年
- 大津和子著『国際理解教育：地球市民を育てる授業と構想』国土社，1992年
- 荒井正剛著『地理授業づくり入門：中学校社会科での実践を基に』古今書院，2019年
- 宇田川勝司著『楽しく重要用語＆学習事項が身に付く！ 中学校地理ワーク＆パズル85』明治図書出版，2015年
- 佐藤正寿著『これだけははずせない！ 小学校社会科単元別「キー発問」アイディア』明治図書出版，2010年
- 峯明秀編『中学校社会科"アクティブ・ラーニング発問"174』学芸みらい社，2016年
- 峯明秀・西口卓磨編著『社会科授業に SDGs 挿入ネタ65』学芸みらい社，2022年
- 社会科授業研究会編著『すぐに使える地理の話題』東京法令出版，2006年
- 河原和之著『100万人が受けたい「中学地理」ウソ・ホント？授業』明治図書出版，2012年
- 河原和之著『続・100万人が受けたい「中学地理」ウソ・ホント？授業』明治図書出版，2017年
- 河原和之著『100万人が受けたい！ 見方・考え方を鍛える「中学地理」 大人もハマる授業ネタ』明治図書出版，2019年
- 河原和之著『100万人が解きたい！見方・考え方を鍛える中学地理ワーク』明治図書出版，2021年
- 吉水裕也著『地理的な見方・考え方を働かせた地理授業デザイン』明治図書出版，2023年
- 吉水裕也編著『ＰＢＬ的社会科単元構成による中学地理の授業デザイン』明治図書出版，2023年
- 吉水裕也編著『新3観点の学習評価を位置づけた中学校地理授業プラン』明治図書出版，2022年
- 梶谷真弘編著『見方・考え方を鍛える！学びを深める中学地理授業ネタ50』明治図書出版，2024年
- 朝倉一民著『板書＆展開例でよくわかる　社会科授業づくりの教科書　6年』明治図書出版，2018年

【著者紹介】

澤田　康介（さわだ　こうすけ）

1993年生まれ。小学校教諭を経て，現在北海道大学附属釧路義務教育学校後期課程教諭。2023年度ソニー子ども科学教育プログラム「未来へつなぐ教育計画」にて入選，第59回2023年度「実践！わたしの教育記録」にて入選などの受賞歴がある。共著に『STEP UP 全学年対応社会科授業アイデア』『小学5年の絶対成功する授業技術』『社会科「個別最適な学び」授業デザイン　事例編』（以上，明治図書）などがある。Facebook「社会科授業づくり倶楽部」を運営。

見方・考え方を働かせる！
板書＆展開例でよくわかる
中学地理授業づくりの教科書

2025年3月初版第1刷刊　Ⓒ著　者　澤　田　康　介
　　　　　　　　　　　　発行者　藤　原　光　政
　　　　　　　　　　　　発行所　明治図書出版株式会社
　　　　　　　　　　　　　　　　http://www.meijitosho.co.jp
　　　　　　　　　　　（企画）及川　誠（校正）川上上萌・有海有理
　　　　　　　　　　　　〒114-0023　東京都北区滝野川7-46-1
　　　　　　　　　　　　振替00160-5-151318　電話03(5907)6703
　　　　　　　　　　　　　　　　ご注文窓口　電話03(5907)6668

＊検印省略　　　　　　　組版所　藤原印刷株式会社
本書の無断コピーは，著作権・出版権にふれます。ご注意ください。

Printed in Japan　　　　　　　ISBN978-4-18-329420-3
もれなくクーポンがもらえる！読者アンケートはこちらから
→